Début d'une série de documents
en couleur

COLLECTION ARTHUR SAVAÈTE A **O** FR. **75**

...que et Littérature, Arts, Sciences, Histoire, Philosophie et Religion

LA

SITUATION RELIGIEUSE

AUX

ÉTATS-UNIS

ILLUSIONS ET RÉALITÉS

PAR

le R. Père AT

PARIS

ARTHUR SAVAÈTE, ÉDITEUR

76, RUE DES SAINTS-PÈRES, 76

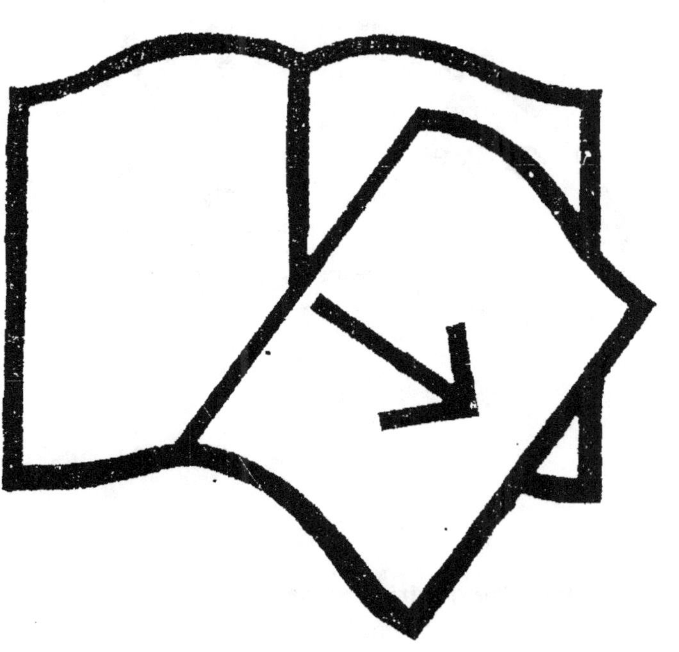

Couverture inférieure manquante

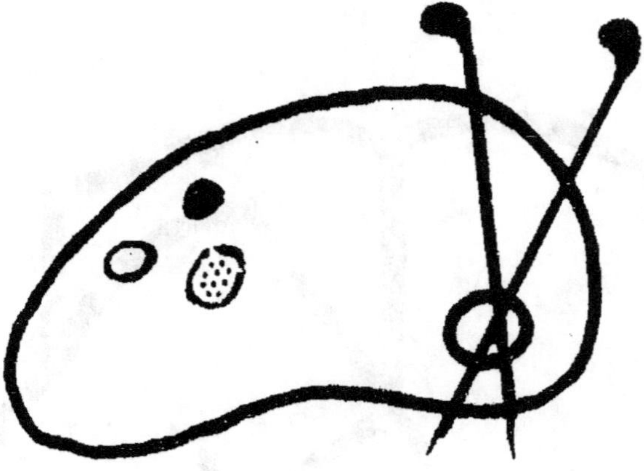

Fin d'une série de documents
en couleur

LA SITUATION RELIGIEUSE

AUX

ÉTATS-UNIS

—

ILLUSIONS ET RÉALITÉS

Politique et Littérature, Arts, Sciences, Histoire, Philosophie et Religion

LA
SITUATION RELIGIEUSE

AUX

ÉTATS-UNIS

ILLUSIONS ET RÉALITÉS

PAR

le R. Père AT

PARIS

ARTHUR SAVAÈTE, ÉDITEUR

76, RUE DES SAINTS-PÈRES, 76

LA SITUATION RELIGIEUSE AUX ÉTATS-UNIS

ILLUSIONS ET RÉALITÉ

C'est le titre d'un volume de 300 pages, édité chez Desclées, en 1900, par M. Jules Tardivel, directeur-propriétaire de *La Vérité* de Québec. Dans l'*Avant-Propos*, l'auteur indique quelle en fut l'occasion. « L'Etude de M. Ferdinand Brunetière, dans la *Revue des Deux-Mondes*, de novembre 1898, sur *le Catholicisme aux Etats-Unis*, a été très remarquée, non seulement en Europe, mais aussi en Amérique. Ce qui attire tout d'abord l'attention, c'est la grande bienveillance à l'égard de la religion catholique qui éclate d'un bout à l'autre de ce travail... Un journal de Paris, le *Figaro*, publiait, dans son numéro du 8 novembre dernier, une communication de Rome qui allait beaucoup plus loin, et donnait à l'étude de M. Brunetière le caractère d'un écrit inspiré en quelque sorte par l'autorité suprême... De toute évidence, le correspondant du journal parisien était dans une étrange erreur : la Lettre du Saint-Père au cardinal Gibbons l'a prouvé. Certaines idées du P. Hecker, que M. Brunetière avait adoptées, du moins en partie, loin d'être approuvées, sont formellement condamnées par le Souverain Pontife. Dans l'article de l'illustre académicien, ce n'est donc pas tant la doctrine qu'il faut louer, que l'intention manifeste d'être agréable et même utile à l'Eglise. Malgré cette intention si louable, qui a certainement inspiré M. Brunetière, la lecture attentive de son article m'a convaincu que des idées fausses ont cours en Europe sur la situation du catholicisme aux Etats-Unis.

On ne semble voir de si loin que les grandes lignes du tableau : les catholiques, qui étaient 30 ou 40.000, il y a cent vingt-cinq ans, avec un seul évêque, sont aujourd'hui neuf ou dix millions, avec une hiérarchie nombreuse qui se meut librement. Trop de catholiques en Europe, je le crains, ne remarquent que le fait historique incontestable ; et ils en tirent la conclusion que dans aucun siècle et dans aucun pays l'Eglise n'a été aussi heureuse qu'elle l'est, en cette fin du xixe siècle, au sein de la grande République américaine ; qu'à nulle autre époque et nulle part ailleurs elle n'a fait d'aussi merveilleux progrès, d'aussi précieuses conquêtes... C'est là l'impression qui se dégage de la lecture de l'article de M. Brunetière. Et c'est cette impression qu'il importe, selon moi, de détruire ; car les impressions fausses ne font de bien à personne ».

*
* *

M. Jules Tardivel rend hommage en passant aux écrivains qui ont abordé la question de l'Américanisme dans le but louable de dissiper les erreurs répandues, chez les catholiques principalement. Il n'en nomme aucun ; mais il les retrouve sur son chemin, et il invoque leur autorité à l'appui de sa thèse. Parmi les plus récents, en Europe, il avait certainement en vue Claudio Jannet, l'auteur des *Etats-Unis Contemporains*. Il est d'accord avec ce publiciste si consciencieux, et si peu disposé par tempérament à réagir contre les idées à peu près acceptables de notre temps. On pourrait même enchérir et dire que de Claudio Jannet à M. Jules Tardivel, près d'un demi-siècle s'était écoulé, pendant lequel les germes d'erreur et de corruption qui fermentaient sourdement dans la grande République s'étaient développés, et avaient rendu moins favorables au catholicisme les conditions sociales de ce pays trop vanté. M. Jules Tardivel ajoute : « Mais il m'a semblé que je pouvais apporter au débat un peu d'inédit, et que mon titre d'*Américain authentique* donnerait quelque poids à mon témoignage... Voilà mes titres à rendre témoignage dans la discussion engagée autour de l'*Améri-*

canisme. On les trouvera suffisants, je crois, pour justifier mon intervention ».

*
**

Depuis Tocqueville jusqu'à Claudio Jannet et en deçà, les écrivains ont tantôt étudié un aspect particulier des Etats-Unis, tantôt ils ont analysé tout l'organisme de ce pays nouveau dans la famille des nations, en le décomposant pièce à pièce. Pour ne parler que des écrivains français, Tocqueville et Claudio Jannet sont de ces derniers. M. Jules Tardivel ne s'est proposé que de répondre à M. Brunetière ; et il est resté sur la question religieuse et ses annexes, puisque c'est l'unique objet de la discussion. Mais la question religieuse touche à tout, au moins indirectement.

Il divise son livre en deux parties très inégales : illusions et réalités. Les illusions de M. Brunetière sont plus surprenantes, parce qu'elles sont d'une date plus récente. Déjà Tocqueville retour d'Amérique, qui avait trouvé des échos sonores chez les libéraux de 1830, commençait à déchanter vers la fin de sa carrière, et faisait des concessions à ses amis de la veille restés fidèles aux traditions nationales. Claudio Jannet, l'homme de l'observation et des faits, jeta plus tard sur le tableau de l'auteur de la *Démocratie en Amérique* plus d'une ombre, qui furent un avertissement pour les esprits sans parti-pris. Voir *les Etats-Unis contemporains*, en particulier les chapitres qui traitent de la religion et de l'école. Les conditions favorables que les Etats-Unis offraient sous ce double rapport au commencement du XIXe siècle sont singulièrement modifiées au détriment du catholicisme : le tout établi par les faits et par les témoignages des écrivains américains eux-mêmes. Claudio Jannet publia son ouvrage en 1875 : c'est d'hier. Depuis cette date, les choses n'ont pas évolué en faveur de l'Eglise.

Mais les Américanistes français sont tenaces : l'archevêque Ireland y fait école ; l'illusion de ses adeptes, qui pourrait s'expliquer par la situation lamentable de l'église de France tombée sous la brutale domination des Jacobins, et qui donne à l'église d'Amérique une supériorité relative incontestable et digne d'envie, a survécu à l'Encyclique *Longinqua Oceani*, du 6 janvier 1895, où Léon XIII signale l'erreur de ceux qui vont chercher dans ce pays l'exemplaire et comme l'idéal des relations de l'État de l'Eglise chez un peuple, malgré le bien relatif qui s'y rencontre par opposition à une situation pire. C'est dans cette école que l'article de M. Brunetière a trouvé son bouillon de culture. Il était nécessaire d'y répondre.

*
* *

M. Jules Tardivel réduit à trois les illusions de M. Brunetière sur le catholicisme en Amérique : le développement prodigieux qu'il a obtenu ; les grandes conquêtes que l'Eglise y a faites en rendant l'esprit du siècle favorable à ses doctrines et à ses institutions ; la prétention que les catholiques d'Amérique doivent servir de leçon et d'exemple aux autres nations. « Et voilà, après une étude sérieuse du travail de M. Brunetière, tout ce que j'y ai trouvé ».

« Je n'y trouve pas la preuve de son assertion que le développement du catholicisme aux Etats-Unis a été prodigieux.

« Je n'y vois rien, non plus, qui justifie la prophétie de M. de Tocqueville, c'est-à-dire que l'esprit du siècle aux Etats-Unis soit devenu très favorable au catholicisme, et que l'Eglise y ait fait tout à coup de grandes conquêtes.

« Enfin, je ne découvre rien dans ce travail qui montre que les « exemples », les « leçons » et « l'expérience » des catholiques d'Amérique aient éclairé, en quoi que ce soit, la marche que doivent suivre les catholiques des autres pays.

« J'ai donc le droit de conclure que M. Brunetière se montre très sympathique à la religion catholique, ce dont il faut le féliciter, mais que son travail n'est pas une page d'histoire contemporaine [1] ».

Evidemment, M. Brunetière a mal vu. Il faut convenir qu'une

[1] Page 44-45.

tournée de conférences dans un grand pays comme l'Amérique, quel que soit le talent d'observation d'un publiciste, ne suffit pas pour saisir au vol la situation religieuse avec toutes les complications auxquelles elle est ordinairement mêlée. Sans doute M. Brunetière avait préparé son voyage ; il avait étudié la question dans les écrivains qui l'avaient traitée avant lui : autant de moyens de se faire une opinion raisonnée. Mais il a voulu penser par lui-même : en réalité, il a pensé comme une école, celle qui a les plus nombreux partisans à notre époque, en Europe et surtout en Amérique, sans assez tenir compte d'une autre école parallèle qui, pour être moins à la mode, a pour elle une élite d'esprits plus jaloux de la vérité que de la vogue. En Amérique, il a pris contact principalement avec les Américains américanisants, qui ont pour chefs Mgr Ireland, l'évêque Keane, et quand vivait le célèbre P. Hecker, que d'aucuns ont voulu canoniser, malgré la sacrée Congrégation de Rome qui n'était pas de cet avis.

Notre Auteur marche exclusivement à la lumière assez pâle et incertaine de Mgr Ireland, de Mgr Keane, du P. Hecker et du P. Zurcher. Le dernier, on le sait, a poussé l'individualisme au point de faire mettre un de ses livres à l'index. M. Brunetière déclare dans une note qu'il « s'autorise des conversations de Mgr Keane » pour faire certaines affirmations. Il est bon sans doute de savoir ce que Mgr Keane et les personnes de son école pensent des questions débattues aux Etats-Unis ; mais qui n'entend qu'une cloche n'entend qu'un son : et je m'imagine que M. Brunetière nous aurait donné un travail plus pondéré, s'il avait eu des conversations avec quelques évêques des Etats-Unis d'origine française et allemande, et s'il n'avait apparemment borné ses études aux écrits de trois ou quatre personnages représentant la même nuance de l'opinion catholique américaine.

En Amérique, l'école adverse a ses représentants dans les rangs du clergé et parmi les publicistes laïques, que M. Tardivel cite avec beaucoup d'à propos en faveur de sa thèse. Après avoir fourni quelques échantillons des rêveries des Américanistes, qui annoncent des temps nouveaux, qui font de la République américaine un prototype sur lequel les autres nations doivent se modeler, la donnant sans rire comme providentielle, avec un nouvel évangile, et qu'ils élèvent à la hauteur d'un huitième sacrement, parce que la démocratie est la mère de vertus que les vieux systèmes ne sauraient produire, notre Auteur leur oppose des témoignages peu suspects et auxquels il est difficile de répondre. Les voici malgré leur longueur.

Sur la bonté intrinsèque de la démocratie, le célèbre Bronwson écrit : « Là où les peuples sont catholiques et soumis à la loi de Dieu telle qu'elle est enseignée et appliquée par le vicaire de Jésus-Christ et le pasteur suprême de l'Eglise, le système démocratique peut être regardé comme une bonne forme de gouvernement ; mais là où il se trouve combiné avec le Protestantisme ou l'incrédulité de la nation, le système tend fatalement à l'abaissement du niveau de la moralité ; il affaiblit les forces intellectuelles, il fausse les caractères et entrave la civilisation, comme suffit pour le prouver notre courte expérience d'Amérique. Notre République a eu sans doute son expansion et son développement dans l'ordre des choses matérielles ; mais tout Américain qui veut observer et penser, et dont le souvenir, comme le mien, peut se reporter à cinquante années dans le passé, voit clairement que, sous tous les rapports, notre société baisse et s'en va sur la pente de la plus complète sauvagerie ». Le mot de la fin est dur mais juste. En d'autres termes, la démocratie exige les grandes vertus, comme dit Montesquieu ; elle ne les crée pas : au contraire. Les démocrates de tout pays, ceux de France en particulier, voire les démocrates chrétiens, liront avec fruit les réflexions du publiciste américain rédigées en 1873. Depuis cette date, on a fait du chemin des deux côtés de l'Atlantique.

Sur le système de la séparation de l'Eglise et de l'Etat, un autre Américain de grande autorité, M. Croke, dit : « En Amérique, on a enseigné aux générations catholiques qu'il faut approuver et admirer le système qui y prévaut. Cela prouve quelle sûreté offre l'Eglise dans tous les pays... Mais des interprètes non autorisés de l'opinion catholique sont allés plus loin. Ils ont férocement attaqué les relations entre l'Eglise et l'Etat dans le vieux monde, les ont condamnées comme fausses et nuisibles, et ont conseillé de leur substituer le système boiteux du Nouveau Monde. Or, avec toute la déférence possible pour ces personnes aux bonnes intentions, je demande la permission de faire une distinction qui est, je crois, dans la pensée de Rome, et qui, si l'on s'en était souvenu plus vite, aurait empêché tout ce tintamarre autour de l'Américanisme. Le système qui prévaut dans le Nouveau Monde lui est spécial ; historiquement et de toutes manières, ce système représente la seule solution d'une difficulté créée par la Réforme. Les auteurs de la Déclaration d'indépendance se trouvaient en face d'une situation unique dans l'histoire, et qui était un legs de la Réforme du xvie siècle... Personne ne censure leur conduite. Mais louer chaleureusement le système qu'ils ont adopté en vue des conditions nouvelles et spéciales du pays, c'est une chose ; demander que ce système soit appliqué partout, c'en est une autre. Or, cela on l'a fait. Maintes et maintes fois, j'ai lu des articles dans des publications américaines où on louait cette reconnaissance universelle de toutes les religions, et où on la proclamait convenable, non seulement aux Etats-Unis mais aussi à l'Europe, et où, ce qui étais pis encore, on la déclarait convenable en thèse générale ». M. Tardivel ajoute : « Nous avons dans cet écrit l'aveu que le mal est très répandu. Maintes fois, dit M. Croke, j'ai lu des plaidoyers en faveur de la doctrine de la séparation de l'Eglise et de l'Etat. Je puis ajouter mon témoignage à celui de M. Croke. Un très grand nombre de catholiques aux Etats-Unis, de langue anglaise spécialement, sont fermement persuadés que non seulement la séparation absolue de l'Eglise et de l'Etat est une nécessité qui s'impose aux Etats-Unis, — ce qui est très vrai — mais que les pays qui ne sont pas soumis à ce régime sont arriérés, revêches au progrès et fort à plaindre ». Tous les séparatistes ne sont pas en Amérique : l'Europe en regorge ; ils foisonnent en France. Lisez les journaux quand la question se pose : la majorité est acquise à l'idée. Etudiez comment se divisent les votes du Parlement, à propos de ce projet de loi et d'autres projets similaires, qui ont quelque point de contact avec lui : le résultat est le même.

La séparation de l'Eglise et de l'Etat n'est qu'un cas particulier d'une doctrine plus large et plus radicale : la laïcisation des institutions nationales, y compris l'école et le mariage. C'est la grande apostasie prédite par saint Paul, qui précédera la venue de l'Antéchrist, *donec veniat discessio*. Radicaux et socialistes, organes de la Franc-maçonnerie, hurlent la séparation. Les modérés de toute nuance, depuis l'absinthe jusqu'au verre d'eau sucrée, font chorus, avec des formules atténuées et des réserves dans l'exécution du grand dessin. Les nationalistes aux sentiments élevés rendent à la bonne cause des services signalés ; désespérant de sauver tout, ils font la part du feu, et s'efforcent au moins de sauver la France en l'arrachant aux partis qui la déchirent, pour les fusionner dans un parti qui doit désarmer tous les autres, puisque ce parti c'est la patrie : les nationalistes ne sont pas en retard sur l'opinion ; eux aussi votent la séparation. Tous les catholiques ne résistent pas à l'entraînement ; dans leurs rangs, plusieurs ignorent la doctrine et font de bonne foi des concessions antithéologiques. A l'heure qu'il est, l'abrogation du Concordat est à l'ordre du jour ; l'abus que le gouvernement français fait de cet instrument de paix explique peut-être le peu de répugnance que son abrogation inspire à des gens d'ailleurs bien pensants. L'abus de pouvoir, que chacun reconnaît et déplore, peut faire souhaiter un nouveau Concordat ; il ne justifie pas la séparation absolue de l'Eglise et de l'Etat, qui est une erreur en doctrine, et serait une calamité si elle était réalisée par les maîtres de céans, d'après les titres de la loi déposée au Parlement.

*
* *

Les illusions des américanisants énumérées plus haut sont déjà réfutées sommairement par les témoignages des publicistes américains que nous venons de rapporter. Mais M. Tardivel oppose encore en détail « les réalités à ces illusions » en restant toujours sur le terrain qu'il a choisi : « la situation religieuse ». En grand chrétien qu'il est et en écrivain impartial, il a un chapitre intitulé : « Les beautés de l'Eglise aux Etats-Unis ». Il y trace le tableau des vertus qu'il a admirées dans le clergé, chez les religieux, et dans les rangs des simples fidèles, les humbles ordinairement, les émigrés d'Irlande, d'Italie, de la Westphalie. Car l'Eglise a partout des élus, et partout elle communique la vie dont elle est la source, même « au sein de l'incrédulité et du matérialisme, au milieu de la corruption générale ». Il a hâte d'ajouter : « Mais ce qui les soutient dans cette lutte contre le démon, le monde et la chair, ce sont les moyens communs aux catholiques de tous pays : la prière, la mortification des sens, l'aumône, la fréquentation des sacrements, l'assistance au Saint-Sacrifice de la messe, les instructions, les retraites, les bonnes lectures, les diverses dévotions que l'Eglise a établies. Voilà les moyens de sanctification, en Amérique comme en Europe. Les institutions politiques, la démocratie, l'Américanisme n'y sont pour rien ». Il aurait pu ajouter que ces conditions sociales, indifférentes en elles-mêmes, puisqu'elles peuvent produire des effets opposés selon l'usage qu'on en fait, sont plutôt des obstacles que des moyens dans les Etats-Unis : c'est sa pensée. Tel est le beau langage d'un journaliste canadien-français, digne d'un apologiste qui pratique le catholicisme comme il le défend de sa vaillante plume.

*
* *

Les américanisants font sonner très haut l'esprit de tolérance qui règne aux Etats-Unis, et dont l'Eglise catholique bénéficie plus qu'aucune autre religion : c'est ce côté de la situation qui séduit le plus grand nombre. Nous n'y sommes pas insensible. Malgré l'opinion bien répandue et de prime abord très fondée, il y a des réserves à faire :

En règle générale, les sectes ne sont pas tolérantes. Quoique la véritable Eglise soit intransigeante sur la doctrine, c'est elle qui a donné plus souvent la preuve de sa charité, quand il ne s'est agi que des personnes. Le Protestantisme a son histoire, qui n'est pas à l'actif de sa gloire, et qui ne donne pas le démenti à la règle. En Angleterre, en Suisse, en Allemagne, dans les pays scandinaves, partout où il a été maître il a persécuté, avec des raffinements de barbarie dignes des siècles de Néron et de Dioclétien. Tandis que nous traçons ces lignes un Dominicain donne des conférences très suivies sur ce sujet avec pièces à l'appui, selon la méthode scientifique. A la même heure, un Jésuite publie un volume sur les Camisards, où les aménités de ces féroces Cévenols sont mises dans tout leur jour, démontrant que ces victimes de Louis XIV étaient les bourreaux des catholiques, contraints de se mettre en légitime défense. Mais restons en Amérique.

Dans ce pays comme dans les autres, le Protestantisme a un passé. M. Tardivel le jalonne de dates sanglantes bien capables de refroidir l'enthousiasme des avocats d'office de la libérale République. La période coloniale est l'ère des persécutions violentes : les catholiques sont traités comme en Angleterre. La guerre de l'indépendance amène une trève, parce qu'on a besoin des catholiques ; mais quand l'établissement du gouvernement des Etats-Unis est solide, les haines protestantes se réveillent ; en 1834, en 1844, en 1854, en 1855, des émeutes sauvages, préparées par les sectes, éclatèrent contre les catholiques : le sang coula à Boston, à Saint-Louis (Missouri), à Newark (New-Jersey), à Louisville (Kentucky). De l'autre côté de l'Atlantique, les américanisants purent contempler les ravages de l'incendie, tenant à la main la célèbre prophétie de Tocqueville sur le prochain apaisement des haines religieuses, et sur les progrès considérables que le catholicisme réaliserait aux Etats-Unis.

Oublions le passé : un esprit nouveau, vraiment américain, fait de libéralisme et de tolérance, agite la grande République. Les catholiques, en possession de leurs droits reconnus et respectés, jouissent-ils pour l'avenir d'une sécurité parfaite ? Tel n'est pas l'avis de M. Tardivel : « Toutefois il faut remarquer que les catholiques américains, même ceux qui vantent sans cesse leur pays, sont loin d'être rassurés pour l'avenir. Ils savent que le feu du fanatisme couve toujours sous la cendre, et que le moindre incident peut le faire éclater plus violent que jamais ». A l'appui de son dire, il cite le chapitre IX du 2ᵉ volume du compte rendu du Congrès catholique de Chicago, revêtu de *l'imprimatur* de l'archevêque de cette ville, où des craintes sérieuses sont exposées. Rédacteur d'un organe catholique très optimiste, M. Lucien Johnston vient à la rescousse : « Nous avons accepté le siècle avec toutes ses merveilleuses découvertes ; nous sympathisons avec ses plus hautes aspirations, et nous ne lui refusons pas les louanges qui lui sont dues. Mais avant que nous puissions mettre de côté toute appréhension, le siècle doit prendre d'abord une attitude moins hostile. Personne ne peut nier *qu'au moins en Amérique*, nous n'ayons de sérieuses causes de craindre ; car sous le calme de notre vie politique, nous savons que des éléments brûlants se meuvent et se rencontrent et n'attendent qu'une occasion pour se lancer au dehors avec une fureur épouvantable ». L'article du journal cité est du mois de septembre 1894. Juste réflexion de M. Tardivel : « La revue qui parle ainsi est la publication catholique la plus optimiste qu'il y ait aux Etats-Unis, la plus foncièrement admiratrice des choses modernes du XIXᵉ siècle et de l'idée dite *américaine*. Sa déclaration que l'Eglise des Etats-Unis est bâtie sur un volcan a donc une valeur exceptionnelle. C'est l'aveu d'un témoin sympathique au prévenu qu'il charge. La prophétie de M. de Tocqueville s'est-elle bien réalisée ? l'esprit du siècle des Etats-Unis est-il vraiment favorable à l'Eglise autant qu'on le croyait ? »

*
* *

Cependant admettons, malgré les apparences contraires, que l'ère des persécutions violentes est close. Peut-on en dire autant des hostilités et des persécutions administratives ? — On est généralement convaincu que la Constitution des Etats-Unis assure à l'Eglise, avec la pleine liberté de conscience et du culte, la bienveillance des pouvoirs publics et la protection contre les vexations injustes, d'où qu'elles viennent. A ce point de vue, cette Constitution n'est connue qu'à moitié ; il faut s'en rapporter aux publicistes et aux juristes du pays. Plus d'un parmi les américanisants seront très surpris et légèrement déçus devant la réalité des choses. Ecoutons le grand historien catholique, l'éminent John Shea, cité par M. Tardivel : « On est généralement sous l'impression que la liberté religieuse existe aux Etats-Unis, en ce sens que chacun est libre d'adorer Dieu selon les lumières de sa conscience. Ceci cependant est une erreur. La Constitution des Etats-Unis ne garantit aucune liberté de ce genre : elle déclare simplement que le Congrès ne peut établir aucune religion ni proscrire le libre exercice d'aucune. Et la Cour suprême des Etats-Unis a décidé que la Constitution (fédérale) n'empêche pas les Etats d'établir une religion ». Quand on proposa un amendement pour enlever ce pouvoir aux Etats, pour mieux assurer la liberté des consciences, l'amendement fut repoussé, pour épargner ce coup à la religion protestante, officiellement reconnue dans plusieurs Etats. Plus tard le même publiciste écrivait : « Mais chaque Etat peut faire de l'acceptation de la « religion protestante », pour tous ceux qui se trouvent sur son territoire, une condition nécessaire à la possession de biens immeubles, à l'exercice d'une profession, du droit de suffrage ou à l'éligibilité aux fonctions publiques : et le gouvernement fédéral ne peut pas intervenir. La Constitution, telle qu'elle a été votée au commencement et telle qu'elle a été amendée depuis, laisse à chaque Etat le pouvoir d'établir une religion ou de faire de la profession de la « religion protestante » une condition à n'importe quoi, et d'exiger un *Test oath* ». Cette doctrine invraisemblable et pourtant authentique sera une révélation pour le gros des lecteurs des journaux et des revues en France et ailleurs. Mais ce n'est qu'une doctrine : il reste à voir si les pratiques gouvernementales y sont conformes.

*
* *

Ecartons cette distinction entre la législation fédérale et celle des Etats. Admettons le principe de la liberté absolue des catholiques. Une autre distinction se présente, celle-ci de l'ordre pratique, entre un texte en quelque sorte dogmatique et le régime administratif, c'est-à-dire entre le droit et le fait. C'est ce qui permet aux gouvernements de retirer d'une main ce qu'ils donnent de l'autre. C'est le cas aux Etats-Unis. L'esprit public est hostile aux catholiques, parce que la majorité protestante et les sectes maçonniques gardent leurs rancunes. Le gouvernement fédéral et celui des Etats s'inspirent de l'opinion : les persécutions violentes sont d'une autre époque : les vexations administratives sont toujours employées.

Au Congrès catholique de Baltimore, en 1889, M. Dongherty disait : « Nous, catholiques, nous avons été de temps en temps calomniés, dénigrés, méprisés, dans des journaux, dans des pamphlets, dans des livres, dans des discours, dans des sermons, devant des assemblées sectaires, dans des réunions politiques, que dis-je, même devant le Congrès des Etats-Unis. Nous avons été proscrits aux urnes électorales. Les plus grands honneurs au sein de cette République nous sont refusés par un préjugé qui a toute la force d'une loi organique. Bien qu'ils soient les égaux de leurs concitoyens par l'intégrité, l'intelligence et l'instruction, les catholiques reçoivent bien rarement des positions élevées. Le droit de pratiquer notre sainte religion est refusé dans bien des institutions pour les malades, les infirmes et les malheureux, et aux criminels dans les prisons et les bagnes. Bien que les rangs de l'armée et de la marine se recrutent largement parmi les catholiques, cependant on peut compter les aumôniers sur les doigts d'une seule main. On affirme que les sauvages ont des instituteurs protestants. » Ce réquisitoire, dont la date indique suffisamment qu'il ne s'agit pas des vexations d'antan mais des réalités de l'heure présente, est le résumé de vingt articles de journaux et de revues des Etats-Unis, où les mêmes plaintes retentissent avec une douloureuse éloquence. Les faits cités à l'appui dans les prisons, dans les hôpitaux, dans l'armée, dans la marine, dans les missions chez les sauvages, pendant la guerre de sécession, et plus près de nous encore, dans la guerre hispano-américaine, prouvent de quels égards aumôniers et religieuses furent l'objet, et comment le grand principe de la liberté de conscience se réduisit en pratique à un déni de justice et à une véritable tyrannie. Ici les références abondent, et forment un dossier qui écrase et confond tous les prôneurs de liberté religieuse dans le pays classique de la liberté, qu'on donne comme modèle à tous les peuples de l'ancien continent. Il faut lire en détail tout le chapitre IV de la 2e partie du livre de M. Tardivel, où sont condensés tous les abus qui arrachent aux catholiques américains de si amères protestations. On y trouve rapidement exposées les mesures administratives que les vainqueurs se hâtèrent d'appliquer à Cuba et à Santiago, et qui blessèrent l'âme espagnole, catholique quand même, au lendemain de son insurrection contre la mère-patrie. Si la République a fait de meilleures conditions aux catholiques des Philippines, c'est parce que l'esprit politique a contenu la passion sectaire : la crainte a été pour elle le commencement de la sagesse. Nonobstant, les ministres protestants ont fait invasion dans l'archipel, et les écoles sans Dieu ont poussé comme une végétation malsaine. Tant il est vrai que la neutralité religieuse des Etats-Unis n'est qu'une étiquette ; et que là comme ailleurs, par la force des choses, quand on n'est pas pour l'Eglise on est contre elle.

*
* *

L'ostracisme politique dont les catholiques sont frappés achève la démonstration de ce que nous venons d'avancer. L'orateur du Congrès de Baltimore avait dit : « Les plus grands honneurs au sein de cette République nous sont refusés en vertu d'un préjugé qui a toute la force d'une loi organique. Les faits sont là. S'il s'agit de la présidence de la République, il y a deux hommes qui ne sauraient y prétendre : un catholique et un nègre. En 1896, un journal d'Indianopolis contenait l'article suivant, sur la question de savoir si un catholique pouvait être président de la République : M. Tardivel le résume ainsi : « On peut sans danger donner à cette question une réponse négative. Il est vrai que rien, dans la Constitution générale des Etats-Unis, ne s'oppose à ce que les catholiques acceptent les grandes charges publiques : au contraire, il y est dit expressément que personne ne doit souffrir à cause de sa religion. Mais à côté de la loi écrite, il y a une loi non écrite qui affirme que les catholique ne sont pas sur un pied d'égalité avec les autres citoyens. Voilà un *fait* qui s'affirme à chaque élection où il y a des candidats catholiques. Rarement les catholiques reçoivent autant de votes que les autres candidats du même parti ; et ils sont souvent battus lors même que leur parti triomphe. Il y a plus d'un demi-siècle, un écrivain distingué déclara « qu'aucun parti politique en ce pays ne pourrait songer sérieusement à un catholique comme candidat à la présidence ». Ce n'est pas aller assez loin. Voici comment il faut formuler la proposition : « Un homme qu'on soupçonne d'avoir des parents catholiques peut-il être élu président ? » Suit la liste des candidats catholiques, ou alliés à des catholiques, ou soupçonnés d'être favorables aux catholiques, qui furent écartés de la présidence. Le publiciste continue : « L'existence de cette loi non écrite contre les catholiques, et contre ceux qu'on soupçonne de tolérance à l'égard des catholiques est aussi certaine que l'existence des dispositions constitutionnelles en faveur de la liberté religieuse. Les faits historiques de ce genre, il faut les admettre ; on ne saurait les écarter : ils s'imposent. Les catholiques déplorent cette situation ; mais ils doivent reconnaître qu'ils sont frappés d'une incapacité politique. » Les faits historiques sont suivis de faits plus récents. M. Tardivel qui les cite ajoute : « Les catholiques des Etats-Unis ne se font pas d'illusion sur ce point. Cela est vrai ; j'ai vécu au milieu d'eux assez longtemps pour le savoir. Entre eux ils admettent la vérité que Shea proclame avec tant d'énergie. Mais si eux-mêmes savent dans quelle position ils se trouvent en réalité, plusieurs d'entre eux ont essayé, *en ces derniers temps*, de créer des illusions en Europe. Ils ont eu plus ou moins de succès. J'ai cru qu'il convenait de détruire ces illusions. »

*
* *

L'ostracisme qui frappe les catholiques ne les exclut pas seulement de la présidence de la République ; il les écarte de toutes les positions politiques ou administratives de quelque importance. On donne en exemple la composition du Sénat et de la Chambre qui forment le Congrès des Etats-Unis : voici cette intéressante statistique. Le Sénat se compose actuellement de 90 membres, chacun des 47 Etats de l'Union en élit deux. Les catholiques forment un septième environ de la population, étant 10 millions sur 70 millions ; ils auraient donc droit à douze ou treize sénateurs : ils en avaient cinq au dernier Congrès. Le 4 mars 1899, le terme d'office de trois de ces sénateurs catholiques expirait, et aucun d'eux n'a été réélu ; aucun sénateur catholique n'a été élu pour le dernier Congrès. De sorte qu'à l'heure qu'il est, les dix millions de catholiques des Etats-Unis sont représentés à la Chambre haute de Washington par *deux* sénateurs. On a calculé que depuis 1837 seize sénateurs catholiques avaient siégé, pendant 60 ans !

Même proportion à la Chambre des Représentants. Elle se compose de 357 membres ; on pouvait espérer qu'il y aurait place pour 50 catholiques au moins : on a relevé le nom de 15 seulement. Ce chiffre même n'est pas sûr, car la religion de quelques-uns n'est pas connue.

*
* *

Aux Etats-Unis comme ailleurs, le suffrage restreint, qui a l'intelligence, n'a pas toujours l'indépendance parce qu'il est dans la main du gouvernement. Le suffrage universel y opère les mêmes prodiges d'imbécillité, car les politiciens le mènent par les oreilles et par le museau. Claudio Jannet nous a édifiés sur les élections de ce pays, l'idéal des libéraux des Deux Mondes.

Mais toutes les fonctions ne sont pas conférées par le suffrage : c'est le président de la République qui a les principales nominations et les plus nombreuses. Il pourrait discerner le mérite et appliquer la loi constitutionnelle de l'égalité de tous les citoyens. Mais le premier dans le gouvernement, il n'est pas toujours le premier par les vertus civiques : quand il n'est pas personnellement sectaire, il est esclave de l'opinion : il doit compter avec les Chambres, avec les journaux, et à l'heure solennelle, avec ses électeurs, s'il est ambitieux. On devine l'usage qu'il fait de sa prérogative. Prenons les actes les plus récents. Le journal d'Indianopolis déjà cité fait l'observation suivante au mois d'avril 1899 : « C'est un fait remarquable que le Président, en nommant tant de commissions à des pays catholiques comme Cuba, Porto-Rico, les Philippines, n'ait pas eu l'à-propos de donner à chaque commission un membre catholique. Sur une population de 10 millions est-ce que nul n'avait les qualités voulues ? Nous ne désirons pas gâter le plaisir que quelques-uns de nos amis éprouvent évidemment à vanter les privilèges dont nous jouissons dans cette terre de liberté et d'égalité ; mais de temps en temps on nous rappelle durement que nous ne sommes pas les égaux de nos voisins protestants. » Cette ironie cinglante traduisait l'indignation contenue d'un honnête homme, que ressentent tous ceux qui n'américanisent pas de parti pris. Le président Roosevelt, qui est une personnalité éminente et un caractère attachant, s'élèvera-t-il au-dessus des préjugés de ses concitoyens ? Il est capable de poser des actes privés qui n'engagent que lui ; pour les actes de gouvernement, il est peu probable qu'il ose révolutionner les tradition.` administratives en appliquant les principes organiques de la Constitution. Un jour il a admis un nègre à sa table à la Maison-Blanche ; récemment il a nommé un nègre consul à Gênes : c'est louable : c'est même hardi ; mais on peut conjecturer que de ces deux nègres aucun n'était catholique.

*
* *

Après avoir établi par les faits et par les témoignages la situation nette des catholiques vis-à-vis de l'Etat, M. Tardivel se pose cette question : L'esprit gouvernemental est-il au moins chrétien ? on voit la différence. Il résoud la question par la négative et avec de telles dégradations de couleurs, que tout d'abord le lecteur se met sur la défensive. Il heurte de front une opinion répandue partout, dans les journaux, dans les revues et dans la plupart des ouvrages composés pendant les soixante dernières années sur les Etats-Unis. M. Tardivel est l'homme de la doctrine intégrale, à cheval sur le *Syllabus* ; mais chez lui le catholique n'égare pas l'historien, qui demeure impartial et raconte ce qu'il a vu et touché de la main : on peut se fier à ses jugements. Donc il affirme et il prouve que le christianisme, — le christianisme protestant, qui était resté dans les lois, dans les habitudes officielles de la République et dans les mœurs du peuple — disparaît chaque jour. Ce christianisme est devenu un pur déisme. Il fait bon marché du mandement du Président qui, une fois par an, invite le peuple américain à l'action de grâces envers le Créateur dans les temples ; ce Créateur très vague est le dieu des Loges maçonniques : le jour de l'action de grâces est la fête du *Dindon*. Le déisme est devenu de l'humanisme, base unique des institutions politiques et sociales des Etats-Unis ; la *Déclaration* de l'indépendance ne vaut pas plus que la *Déclaration des droits de l'homme* des Français, quoique le nom de Dieu y soit inscrit. L'humanisme s'est transformé en pur athéisme d'Etat : cette dernière assertion est appuyée par l'opinion de plusieurs publicistes, et ce qui est plus grave, par les décisions des Cours, et par l'échec de ceux qui essayèrent d'introduire le nom de Dieu dans un amendement à la Constitution. Le paganisme est le dernier mot de la situation.

*
* *

Ce sombre tableau nous a inspiré l'idée de le comparer à l'étude de Claudio Jannet sur la même question. Le long de vingt pages l'écrivain français contredira M. Tardivel. Il recueille avec soin toutes les traces de christianisme qu'il trouve dans les lois et ce qui en reste dans les mœurs : ce relevé déconcerte d'abord, et semble trahir des divergences de vues entre deux publicistes également consciencieux. « Le christianisme aux Etats-Unis est véritablement la religion nationale. » La Constitution ne parle pas de la religion ; « De ce silence forcé de la Constitution fédérale, faut-il conclure que les Etats-Unis ne reconnaissent pas le christianisme comme religion nationale ? » Deux éminents jurisconsultes, interprètes autorisés de la Constitution, n'admettent pas cette conséquence : d'autres écrivains soutiennent la même thèse. En pratique, les Présidents, les Congrès et les administrations fédérales s'y conforment : respect du repos dominical, serment prêté sur la Bible ; aumôniers dans les armées de terre et de mer ; subventions aux ministres de toutes les religions dans les territoires indiens ; prohibition et pénalités contre la polygamie professée par les Mormons.

Le passage qui s'est opéré des églises établies au système *volontaire* dans tous les Etats, autrement dit la séparation des églises et de l'Etat pour des raisons particulières à l'Amérique, n'a pas pour principe l'hostilité aux idées religieuses. Certaines Constitutions conservèrent d'abord des professions de foi pour les fonctionnaires ; ces professions de foi profitaient aux protestants, qui en abusaient contre les catholiques exclus de toutes les fonctions publiques : elles ont disparu des Constitutions ; et à l'heure qu'il est, tout citoyen est admissible à toutes les fonctions au seul titre de citoyen. — Nous avons dit plus haut ce que veut ce principe en pratique, quand il s'agit des catholiques.

*
* *

Claudio Jannet continue : « Malgré l'intolérance protestante qui s'y mêlait, on doit regretter de ne plus lire dans les Constitutions des Etats ces belles professions de foi religieuse. Leurs lois ne sont pas cependant pour cela devenues athées ; et elles supposent toutes l'existence de cette religion nationale qu'elles ne nomment pas. Preuves à l'appui : peines portées contre la violation sensible du repos du dimanche et le blasphème ; jamais d'élections le dimanche ; boutiques, restaurants, débits de boissons fermés ; amusements publics, affaires suspendus ; dispense du service militaire aux ministres du culte ; la personnalité civile accordée largement aux paroisses de toutes dénominations ; — l'église catholique l'a obtenue tardivement et péniblement — les propriétés ecclésiastiques et les églises dispensées de l'impôt ; appui de la loi prêté à la discipline des églises : contrainte pour le payement des taxes que les églises imposent à leurs fidèles aussi longtemps qu'ils en font partie ; le mariage civil non obligatoire, et faculté laissée aux conjoints de contracter devant les ministres du culte dont la signature devient l'état-civil, et qui demeurent juges des empêchements du mariage conformément à la doctrine de leur église.

*
* *

« En dehors de la législation proprement dite, continue Claudio Jannet, il y a dans les idées et les mœurs du peuple américain un fond religieux, qui est certainement pour beaucoup dans sa prospérité » ; l'observation du dimanche, l'anniversaire de l'indépendance nationale et *le jour d'actions de grâces* en sont la preuve. L'opinion pousse le législateur à restreindre le débit des boissons, à empêcher les publications immorales, à réprimer la débauche. Le théâtre ne bafoue pas les choses saintes ; les œuvres de bien public se placent sous le patronage de l'idée religieuse. Les partis politiques s'abstiennent des questions religieuses ; (les journaux ne propagent pas systématiquement le scepticisme et ne battent pas en brèche les religions. Dans les rapports privés, l'impiété et la vie scandaleuse ne sont pas de mise, et ne valent pas la considération à ceux qui s'y abandonnent. Dans l'œuvre de la colonisation, les sociétés qui se forment n'excluent pas la religion, et bâtissent des temples en envoyant des ministres du culte dans les nouveaux territoires. Si les ministres du culte sont exclus de toutes les fonctions publiques, même électives, c'est par respect, et pour qu'ils ne soient pas pris pour de simples fonctionnaires. Au demeurant, ils peuvent s'immiscer dans les élections et exercer toute leur influence, soit dans les clubs, soit dans les temples, sans encourir des pénalités ou seulement le blâme de l'opinion publique.

*
* *

Les pouvoirs publics donnent une salutaire impulsion. Depuis Franklin, toutes les séances du Congrès commencent par la prière : des chapelains sont entretenus pour cet office ; à la chapelle du Capitole un service est célébré pour les membres du Congrès. Des ministres de divers cultes, même catholiques, sont successivement appelés à y prêcher. Les législatures des Etats observent cet usage ; les *conventions* (clubs) des partis politiques commencent par la prière du *clergyman*. Dans les circonstances importantes, les présidents des Etats-Unis prescrivent, par une proclamation solennelle, soit des jours de jeûne et d'humiliation, soit des jours d'actions de grâce. Jefferson et Jackson avaient négligé cette pratique, qui a été reprise après eux. Pendant la guerre de sécession, les chefs des deux armées firent des proclamations pour inviter les officiers et les soldats à observer le repos du dimanche. Les gouverneurs des Etats font à leur tour des proclamations semblables.

Claudio Jannet conclut ainsi : « Malgré leurs vices et leurs misères, les gouvernements des Etats-Unis reconnaissent encore, au moins théoriquement, les droits suprêmes de Dieu sur toutes les actions humaines ; ils ne placent pas en dehors de lui l'acte d'où découlent la famille et les générations humaines ; ils lui rendent, en tant que nation, le culte qui lui est dû et font honneur à sa loi de leur civilisation et de leurs succès. Si nous reportons nos regards vers l'Europe, qu'y trouverons-nous, hélas ! Pas un seul Etat chrétien dans le sens vrai du mot ».

*
* *

Le tableau du christianisme des Etats-Unis par M. Tardivel paraît trop sombre, presque injuste : celui de Claudio Jannet n'est-il pas trop flatté ? Depuis Tocqueville, il n'a pas cessé de passer sous le regard des américanistes, et d'entretenir chez eux l'enthousiasme pour la grande République. Mais Claudio Jannet fait des réserves : « Il ne faut pas cependant exagérer la portée de ces professions de foi chrétienne, et surtout il ne faut pas fermer les yeux devant les symptômes récents qui semblent indiquer une transformation des idées religieuses aux Etats-Unis, presque aussi profonde que celle qui s'est opérée dans l'ordre politique.

A force d'être général et d'embrasser les confessions les plus opposées, le sentiment religieux des Américains finit par devenir trop superficiel. C'est une idée très répandue que la multiplicité de

Dénominations est favorable à la religion, en offrant plus de débouchés aux aspirations religieuses du peuple, et qu'en même temps elle est pour la société civile une garantie d'indépendance. C'est une étrange façon d'entendre la religion ; et l'on a pu dire avec raison que la masse des Américains est plus convaincue de l'excellence morale et de l'utilité sociale du christianisme que de la vérité intrinsèque de ses dogmes.

En fait, près des trois quarts des Américains vivent complètement en dehors de la pratique positive et suivie d'un culte. Ils se bornent à fréquenter au hasard le temple du prédicateur qui leur convient, en changent souvent et ne se préoccupent nullement de conformer le fond de leur vie aux exigences du christianisme. Les *payens*, tel est leur nom populaire, et il n'est que trop mérité. Le nombre s'en est multiplié considérablement de notre temps, au fur et à mesure des progrès de certaines sectes qui, tout en gardant, par un respect hypocrite de l'opinion, l'étiquette chrétienne, nient tous les dogmes du christianisme, et constituent un immense péril pour la religion. Nous voulons parler des *Universalistes* et surtout des *Unitariens*.

*
* *

Sous l'influence de ces sectes et de la Franc-maçonnerie, qui réunit dans ses Loges des masses considérables, un changement profond s'est insensiblement opéré dans les idées de la nation. Les symptômes s'en manifestent à la fois en haut et en bas ; en bas, par l'impunité scandaleuse dont jouissent depuis quelques années une littérature immorale et une presse illustrée à bon marché, qui va corrompre les ouvriers dans les ateliers, et les enfants jusque sur les bancs des écoles — les municipalités des grandes villes se montrent tout à fait insouciantes de réprimer ces désordres — en haut, par la formation d'une classe de plus en plus considérable, qui ne se borne pas à vivre loin de la pratique d'un culte, comme la grande troupe des *payens*, mais qui érige son infidélité en système, et fait profession ouverte de scepticisme et même d'athéisme. Cette école, qui prend modèle sur la fausse science germanique de nos jours, a ses organes accrédités dans la grande presse et dans les revues.

La littérature courante reflète bien ce changement, qui s'est accentué surtout depuis cinq ou six ans. Les dogmes fontamentaux de la déchéance originelle, de la grâce, de la rémunération et des peines de la vie future, qui venaient encore si grande place dans les productions littéraires de l'Amérique, il y a trente ans, ne se retrouvent plus dans celles de nos jours. Presque tous les écrivains contemporains en renom ont été plus ou moins touchés par la contagion des idées *unitaires*...

Cette altération des croyances se fait sentir tous les jours davantage dans la législation. Tandis qu'on continue dans les proclamations officielles à reconnaître le christianisme comme la source de la prospérité du peuple, on s'écarte de plus en plus de ses prescriptions dans la pratique législative. A la suite d'un mouvement commencé il y a une vingtaine d'années, l'enseignement public primaire et secondaire a été soustrait à l'influence religieuse. Des chrétiens zélés, appartenant au protestantisme, ont essayé de réagir contre cet abandon des principes. En 1872, ils firent proposer au Congrès d'introduire dans la Constitution, sous la forme d'un amendement, une reconnaissance de la vérité biblique et une sorte de profession de foi chrétienne... Le Congrès a repoussé la prise en considération de cet amendement... Ce fait, joint à bien d'autres, prouve le chemin qu'ont fait dans ces dernières années les idées prétendues *modernes* sur l'indépendance absolue de l'Etat vis-à-vis de la loi divine [1]. »

*
* *

De l'esprit gouvernemental en matière religieuse, M. Tardivel passe à l'esprit public, et il recherche si cet esprit est oui ou non favorable au catholicisme, M. Brunetière a proclamé très haut qu'aux Etats-Unis l'esprit public était pour lui. C'est la chanson de tous les Américanistes. Les libertés précieuses, quoique incomplètes,

---

[1] *Les Etats-Unis contemporains* : chap. XVII, *passim*.

dont l'Eglise jouit dans ce pays peuvent donner le change aux observateurs superficiels, prompts à juger d'après les apparences. M. Tardivel s'inscrit en faux contre ces engouements, et met à nu les antagonismes, tantôt latents, tantôt éclatants qui existent sous le voile d'une paix qui n'est pas la sympathie. Catholique dans les moelles, il se passe ici un tantinet de théologie, voire d'ascétisme, en mettant en antithèse ce que l'Evangile appelle « le monde » et le catholicisme, deux extrémités des choses essentiellement irréconciliables ; mais ceci est de tous les temps et de tous les lieux ; en apologétique l'aperçu ne vaut pas contre les Américanistes. Il resserre l'argument en disant que le mauvais esprit ou l'esprit du siècle ne sévit nulle part avec autant d'intensité qu'aux Etats-Unis, à cause des origines sectaires de la République et de l'état de démoralisation profonde dans laquelle elle est tombée pour les croyances et pour les habitudes de la vie privée : cet apriorisme est plus concluant. Sa thèse se déduit d'ailleurs de tout ce qui précède : les vexations administratives dont les catholiques sont l'objet, l'ostracisme dont ils sont frappés par le gouvernement et le suffrage universel trahissent des antipathies qui sont des haines à peine contenues. Les églises protestantes, divisées entre elles, sont unanimes contre l'Eglise véritable, l'ennemi commun, qui garde son unité en face de leurs émiettements et gagne tout le terrain qu'elles perdent. Si l'on considère que les Loges maçonniques se sont substituées ou surperposées aux sectes religieuses, la démonstration sera surabondante : les rancunes des sectes sont éternelles. Une série de témoignages empruntés aux publicistes des Etats-Unis ne permettent pas le doute sur ce sujet : on peut les lire dans l'ouvrage que nous analysons [1].

*
* *

Des sphères supérieures l'esprit sectaire descend dans toutes les couches de la société civile. En 1876, Très Rever. James O'Connor écrivait : « Nous n'avons pas besoin de dire à personne qu'il existe

---

[1] *Les réalités*, chap. VIII.

en ce pays un sentiment d'hostilité très répandu contre l'Eglise ca-
lique. Chaque jour, nous en avons des preuves qui impressionnent
douloureusement. Le marchand se heurte à ce sentiment dans son
magasin, l'artisan dans son atelier, et même la servante dans sa cui-
sine n'y échappe pas... Notre littérature est anti-catholique. Les
lecteurs américains connaissent à peine un seul ouvrage classique
d'histoire, de science populaire ou de littérature qui, chaque fois
qu'il touche à des sujets catholiques, ne les présente sous un faux
jour, soit de propos délibéré, soit par ignorance. Le plus grand
nombre de nos *magazines* et de nos revues nous sont foncièrement
hostiles. En théorie, notre législation est libérale, impartiale, et les
positions et les honneurs politiques sont accessibles à tous, sans
égard aux croyances religieuses. Mais les préjugés anti-catholiques
n'ont-ils pas souvent demandé et obtenu une législation contraire à
nos intérêts et injurieuse pour notre foi ? et se trouve-t-il, dans ce
vaste continent, un endroit où la foi catholique ne soit pas un sérieux
obstacle à l'avancement politique de celui qui le professe ? »
M. Tardivel conclut : « Telle est la situation intolérable faite aux
catholiques des Etats-Unis, malgré tout ce que les catholiques américanisants ont fait pour être bien vus du gouvernement et de leurs
concitoyens. » Il y a de ces américanisants un peu partout. Les
américanisants de France, non contents d'américaniser pour le
compte des Yankees sans gros risques, dans leurs journaux et
dans leurs discours, américanisent depuis vingt ans avec la République maçonnique qui nous opprime : ils protestent de leur
dévouement aux institutions nationales que le peuple s'est don-
nées librement ; ils jettent de l'eau bénite sur toutes les statues
et les bustes des héros éclos au souffle de la démocratie pour les
exorciser et les rendre chrétiens ; d'autres esquissent des réhabilita-
tions de Gambetta : Ferry est blâmé avec le *donec corrigatur*, ce qui
suppose qu'il y avait du bon dans sa politique : Waldeck-Rousseau
trinquait avec les moines. Ce sont les conservateurs, les monarchistes
en particulier, qui ont provoqué d'abord les défiances, plus tard les
vexations d'un gouvernement qui défendait son existence. On sait
de quelle monnaie ont été payées ces complaisances, que nous vou-

lons appeler des illusions exemptes de tout calcul de lâcheté ou d'ambition. Ces américanisants n'ont pas vu, ou n'ont pas voulu voir que la question des formes de gouvernement est accessoire; qu'elle n'est que le voile de la haine de la Franc-maçonnerie envers l'Eglise; et qu'en acceptant la République ils ne désarmaient pas l'ennemi. On le leur a fait bien voir.

*
* *

Claudio Jannet, en exposant la situation du catholicisme aux Etats-Unis en face des églises protestantes, le merveilleux développement de sa hiérarchie, les conditions favorables qui l'expliquent et l'influence qu'il exerce, semble préparer une conclusion contraire à celle de l'écrivain canadien : Le Play, ce jour-là un peu trop optimiste, et d'autres publicistes du cru épris de leur République libérale viennent à la rescousse. Mais avant de finir ce chapitre, Claudio Jannet s'arrête et regarde devant lui : « L'avenir justifiera-t-il la confiance de ces patriotes généreux dans les institutions de leur pays ? c'est là une question vitale pour l'avenir de la grande République. Nous ne hasarderons point de prophétie ; nous signalerons seulement certains points noirs bien visibles dès à présent dans le ciel radieux de la liberté américaine. » L'éminent publiciste énumère ensuite une série de faits qui montrent les radicaux à l'œuvre, et il termine par ces réflexions mélancoliques : « Une coalition de protestants dominés par l'esprit de secte des radicaux allemands, enfin des athées et des matérialistes dont le nombre va toujours croissant, voilà ce qui est à craindre pour l'avenir du catholicisme et de la liberté américaine. Malgré leur répugnance à se constituer à l'état de parti militant, les catholiques peuvent y être forcés par les nécessités d'une légitime défense. Il est à craindre que ce péril ne se présente bientôt, et que la révolution ne transporte aux Etats-Unis les luttes religieuses qu'elle a engagées dans le vieux monde [1]. »

---

[1] *Loco citate*, chap. XVIII.

En résumé, les deux écrivains dont nous avons comparé les jugements sur la double question de l'esprit gouvernemental et de l'esprit public aux Etats-Unis par rapport au catholicisme, se rencontrent dans les conclusions. Leurs apparentes divergences tiennent à ce que l'écrivain français est à l'état prophétique, lisant dans le présent un avenir menaçant, tandis que l'écrivain canadien constate les faits accomplis, au milieu desquels il a vécu vingt-cinq ans plus tard. Or, un quart de siècle, par le temps qui court, en Amérique en particulier où tout va vite, a suffi pour développer des germes de mort et leur faire produire leurs effets. Dans la controverse sur l'Américanisme, on peut donc opposer avec un égal succès ces deux champions des saines doctrines à ceux qui ont voué aux institutions des Etats-Unis un culte exagéré.

*
* *

Dans le volume de M. Tardivel, il y a trois chapitres vers la fin d'une importance plus spéciale, parce qu'il y traite de questions qui sont plus ardemment agitées en Amérique comme en Europe : la question scolaire est au premier rang. A la vérité, il n'ajoute rien, ni pour la doctrine, ni pour les faits, à ce que d'autres publicistes avaient écrit avant lui. Claudio Jannet semble avoir épuisé le sujet, en suivant pas à pas l'évolution de l'idée sectaire dans l'établissement de l'école publique, qui marque une date dans l'histoire de l'éducation, puisqu'elle arrache à la famille cette fonction que la nature lui avait confiée, pour en charger l'Etat ; comment l'école devient d'abord non confessionnelle, *unsectarian*, en conservant des habitudes encore chrétiennes, avec la lecture de la bible, la prière et les cantiques religieux, pour se transformer peu à peu en école athée, avec des classiques impies et des maîtres *ejusdem farinæ*, et la dépravation des mœurs, conséquences logiques des méthodes employées dans les écoles mixtes, où garçons et filles dansent ensemble au son du piano : préludes d'autres désordres qu'on ne peut pas nommer. Il ne manquait plus, pour mettre le comble à cet abus de pouvoir, que de rendre ces écoles obligatoires : tous les Etats de l'Union ont édicté des ordonnances dans ce sens [1].

M. Tardivel entre dans des considérations qui, en confirmant les accusations de ses précurseurs, ajoutent encore à l'intérêt douloureux du sujet. Il trouve l'origine de l'école publique dans la législature des Massachussetts en 1647 : elle est donc bien protestante dans son principe. Nous faisons trop d'honneur aux Jacobins de France en 1790 en leur attribuant cette invention : c'est une graine d'Amérique importée par Lafayette dans le vieux continent avec beaucoup d'autres idées de même valeur. Avouons-nous avec humilité tributaires des Yankees, nos ancêtres pour la liberté et pour la forme républicaine ; et continuons à profiter de leurs leçons, en disputant à la famille et à l'Eglise les restes de la liberté d'enseignement qui traînent encore dans nos lois. L'école publique des Massuchussetts se répandit bientôt d'un Etat dans l'autre : plusieurs Etats résistèrent. De là une grande inégalité pour l'instruction, plus répandue dans les Etats où les écoles publiques se sont multipliées, et une inégalité encore plus grande au point de vue financier et moral, à l'avantage des Etats ou la famille et l'Eglise continuent à donner l'enseignement. M. Tardivel, en puisant aux meilleures sources, a dressé des tableaux comparatifs, avec des chiffres qui font reculer d'épouvante, tant les écoles publiques coûtent cher, tant leurs influences augmentent les crimes.

*
* *

M. Tardivel fait toucher du doigt l'action sectaire des protestants et des Francs-maçons dans la guerre faite à la famille et à l'Eglise sur le terrain des écoles. Les protestants y perdent autant que l'Eglise, et travaillent de gaieté de cœur pour le Franc-maçon, ennemi de tout culte, même du simple christianisme frelaté ; mais la jalousie envers l'Eglise catholique leur donne le courage de conspirer contre le Seigneur et son Christ qu'ils adorent encore. Les sectes se disputent

---

[1] *Loco citato*, chap. xx.

l'enfant, car l'enfant c'est l'avenir ; le monde appartiendra à qui l'enfant appartient. La lutte est renouvelée des Pharaons, qui faisaient jeter au fleuve les enfants mâles des Hébreux, race étrangère, menaçante par sa propagation, et qui pourrait déposséder la race indigène : lutte imitée des païens, de Julien l'apostat, qui chassait les chrétiens de l'école pour les chasser de l'empire. Le plan s'en est continué. L'Etat sectaire, — malgré quelques grimaces dévoilées, — a mis son action au service des sectes qu'il favorise, qu'il stipendie, pour peupler ses écoles au détriment des écoles rivales, celles des catholiques principalement visées. Des pratiques odieuses, barbares, honteuses, dans un pays qui se pique d'être la terre de la liberté, où la personne humaine est respectée, et qui se donne comme modèle au monde civilisé, se produisent au grand jour. Il y a aux Etats-Unis la traite des enfants, comme il y avait dans le continent africain la traite des nègres. Les publicistes nous ont décrit, avec pièces à l'appui, ces scandales, qui indignent les âmes simplement honnêtes, sans attaches confessionnelles, et qui prennent au sérieux les institutions nationales. « Dans le *Catholic worlod* de 1873, on trouve les détails les plus précis sur les manœuvres auxquelles se livrent trois ou quatre sociétés protestantes, largement subventionnées par l'Etat et la ville, notamment la *Children's aid Society*, pour arracher à la foi catholique les malheureux enfants qu'elles attirent sous prétexte de charité. Elles les envoient ensuite dans l'Ouest en changeant leurs noms : là, ils sont vendus à des *farmers*, et leurs parents perdent complètement leurs traces. L'écrivain qui faisait récemment l'éloge de cette société dans la *Revue des Deux-Mondes* (15 janvier 1875) ne se serait pas exprimé de la sorte, s'il l'eut connue autrement que par ses propres rapports, qui naturellement cachent toutes les ombres du tableau. La loi récente de l'Etat de New-York, qui autorise l'arrestation par la police de tous les enfants au-dessus de huit ans, rencontrés dans les rues à l'heure des classes, va considérablement augmenter ces abus. Des faits encore plus graves, s'il est possible, se sont produits dans les asiles de Providence (Rhode-Island) [1]. Si

---

[1] Nous empruntons cette note à Claudio Jannet, qui a condensé, avec un luxe

à l'action des *sociétés* protestantes vous ajoutez celle des Francs-maçons, et la pression irrésistible que l'Etat, sous le vain prétexte de neutralité, exerce administrativement, en exploitant l'ambition, la peur ou la pauvreté, on aura une faible idée du recrutement forcé des enfants dans les écoles non confessionnelles : un vrai massacre des innocents.

*
* *

Devant le danger que ces manœuvres faisaient courir aux écoles catholiques et à la foi des fidèles dans un avenir prochain, les évêques d'Amérique s'émurent ; et dans le concile national de Baltimore, ils rendirent des décrets qui obligeaient en conscience. L'un de ces décrets prescrivait la création des écoles paroissiales, avec menace de priver de leur titres les ministres qui auraient négligé de les créer par leur faute ; l'autre interdisait aux parents d'envoyer leurs enfants dans les écoles publiques, n'accordant des dispenses que pour des raisons spéciales dont l'évêque ou son représentant restait le juge. C'était un coup droit porté à la propagande protestante et maçonnique ; s'il n'ébranla pas les écoles publiques, trop solidement appuyées, il déchirait le voile qui cachait le piège aux simples ; il fortifiait la conscience endormie des fidèles, et diminuait, s'il ne l'arrêtait pas entièrement, le mouvement des enfants vers les établissements de l'Etat. Il n'était que temps ; car, au témoignage d'un ministre méthodiste des Massachussetts, qui n'a pas été contredit, quoiqu'il fût lancé publiquement, « l'influence des écoles publiques était telle, qu'en 12 ans elles avaient enlevé à l'Eglise 1.800.000 enfants catholiques. Le journal catholique qui rapporte le propos paraît se résigner à ce résultat qu'il déplore ; l'article est de 1891 : cette date n'indique pas précisément que le mal se fût arrêté. A retenir pour expliquer l'état actuel de l'Eglise catholique aux Etats-Unis : c'est la question qui divise les américanisants et leurs contradicteurs.

de références, des faits que M. Tardivel a disséminés dans plusieurs des chapitres de son livre. *Loco citato*, ch. xviii, page 366, note 2.

*
* *

Dans le long chapitre sur les écoles, M. Tardivel expose, avec amples détails, un épisode de la lutte des deux partis : il porte le nom de *Plan de Faribault*. L'affaire fit grand bruit ; les journaux s'en emparèrent ; protestants, Francs-maçons et tous ceux qui avaient des attaches officielles ou de sympathie avec les établissements de l'Etat applaudirent à l'initiative prise par quelques prêtres dans un coin des Etats-Unis ; l'épiscopat tout entier s'émut ; la presse catholique prit position ; des protestations épiscopales se produisirent ; quelques divergences de vues se manifestèrent ; le Saint-Siège intervient ; les appels provoquèrent des sentences de la Propagande ; un délégué du Pape débarqua en Amérique pour régler la question ; ce fut un événement resté historique dans l'Eglise catholique. Nous résumons ici le récit de M. Tardivel aussi sommairement que possible. Dans des paroisses du diocèse de Saint-Paul, Faribault et Stillwater, deux recteurs, gênés en finances pour soutenir leurs écoles dirigées par des religieuses, proposèrent au Bureau des écoles publiques la location des bâtiments de ces écoles, en consentant aux conditions suivantes : les écoles seraient sécularisées ; les religieuses sécularisées, en gardant leur habit, donneraient l'instruction laïque, sans aucune pratique confessionnelle, telles que la prière, le chant des cantiques, ou l'exposition catéchistique de la doctrine : sous la seule réserve que ce dernier enseignement serait donné dans les locaux des classes après la sortie des enfants. Si l'embarras d'argent pouvait excuser la mesure et sauver les intentions des recteurs, la convention elle-même était un désastre ; elle violait les décrets du concile plénier de Baltimore ; il n'y eut qu'un cri de blâme d'un bout du pays à l'autre. Ce qui mit le comble au scandale, c'est que le chef du diocèse auquel la question fut déférée prit fait et cause pour les deux recteurs, déclarant hautement qu'il donnait son approbation à la convention passée avec le Bureau des écoles publiques. Il n'est pas téméraire de penser que les deux recteurs avaient agi après entente préalable avec leur archevêque : cet archevêque, qui tient le record de la célébrité aux Etats-Unis, c'est Mgr Ireland. Son nom a franchi l'Atlantique ; en France, où il a fait ses premières études, il est chef d'école ; à Paris, sa parole a eu des auditoires ; ses écrits sont traduits dans notre langue ; ses amis, qu'on peut appeler ses disciples, font des pèlerinages au diocèse de Saint-Paul. Depuis l'affaire du *Plan de Faribault*, il s'est mêlé aux controverses de l'Américanisme ; sous son inspiration, l'abbé Klein, professeur à l'Université catholique de Paris, traduisit la vie du P. Hecker dont on connaît le sort ; plus récemment, il a orné notre littérature d'un volume intitulé : *Au pays de la vie intense*, écho du livre du président Roosevelt dont l'archevêque de Saint-Paul passe pour être le conseiller intime, en tout cas l'ami et le commensal [1]. Dans l'affaire du *Plan*

[1] L'ouvrage que M. l'abbé Klein vient de publier (février 1905) a été pendant une année à l'état prophétique, un honneur qu'on n'accorde qu'aux livres de première marque et destinés à un grand retentissement. Nous lisons ce qui suit dans *La Vérité* de Québec (Canada), 25 février 1904 :

L'ABBÉ KLEIN
UN CORYPHÉE DU LIBÉRALISME FRANÇAIS
A la rescousse des Américanistes

On parle d'une récente visite de l'abbé Klein, de Paris, aux Etats-Unis.

Galvaniser le libéralisme de certains catholiques américains — mieux connu, dans ces derniers temps, sous le nom d'américanisme — tel paraît avoir été le principal objet de la visite de ce coryphée des catholiques libéraux de France.

L'abbé Klein doit publier sous peu un livre sur la *Vie intense aux Etats-Unis*.

La *Vie intense !* C'est la traduction de *Strenuous Life*, expression favorite du F∴ Roosevelt, président de la République de Washington.

L'excellente *Northwest Review*, de Winnipeg, numéro du 26 décembre dernier, nous dit ce que doit être, sans aucun doute, ce nouveau livre de l'abbé Klein.

« Accaparé, comme il l'a été pendant sa tournée aux Etats-Unis, par les apôtres à la langue d'argent de la vantardise semi-religieuse, il aura été, n'en doutons pas, aussi complètement mystifié que l'avait été Mgr Satolli à son arrivée aux Etats-Unis ; et, au contraire de cet illustre prélat, il n'y est pas resté assez longtemps pour découvrir combien il avait été dupé. Nous devons donc nous attendre à voir l'éloquent *leader* des catholiques libéraux français nous peindre en rose tout ce qui a trait au catholicisme dans la République voisine et louer à l'excès ces hommes *de Faribault,* Mgr Ireland trouva quelques partisans dans les rangs de l'épiscopat des Etats-Unis ; mais la grande majorité se rangea contre lui. Il déféra l'affaire au Saint-Siège, et il obtint un *tolerari posse,* avec cette clause très expresse que les décrets du concile de Baltimore demeuraient fermes. Mais l'appelant abusa du *tolerari posse* en lui donnant un sens qui n'était pas le véritable. La bataille continua, jusqu'à ce que Mgr Satolli, aujourd'hui cardinal, vint à New-York, essayer de rétablir la paix. La sentence de Rome eut au moins le résultat de contenir le funeste mouvement commencé, et de l'étouffer dans les limites des deux paroisses du diocèse de Saint-Paul ; car on a la preuve que le *Plan de Faribault* devait être appliqué à tous les diocèses de l'Union. Etait-ce en vertu d'un accord non écrit avec le gouvernement ? Ceci est resté un mystère, que Dieu, qui sonde les cœurs et les reins, a connu. Du reste, le *Plan de Faribault* aboutit à la confusion de ceux qui l'avaient conçu. Le Bureau des écoles exigea bientôt après que les religieuses quitteraient leur habit.

qui, par leur semi-rationalisme et leurs complaisances pour l'erreur, sont responsables des effroyables défections qui ont lieu chez les catholiques des Etats-Unis : — *Who, by their semi-rationalism and their coquetting with error, are responsible for the tremendous leakage in the catholic body.*

« Dans un diocèse où l'abbé Klein fut reçu à bras ouverts, il fut piloté avec tant d'habileté qu'il n'y remarqua pas l'absence, pourtant frappante, de toute vie vraiment spirituelle. Les ordres religieux d'hommes étant soigneusement exclus du diocèse en question, il n'y a que peu ou point de vie intérieure. Au milieu d'une grande exposition de belles églises, de musique savante et de sermons à sensation, l'*intensité* de la véritable vie cachée en Dieu avec le Christ manque lamentablement. La méditation est pratiquement inconnue ; la piété est purement *officielle* et de surface, et la louange de soi est le péché universel ».

Si M. l'abbé Klein lit cet article il ne sera pas charmé, quoique ce ne soit pas la première fois qu'il recueille des blâmes sur son chemin. Mais il pourra se consoler avec la belle lettre du cardinal Perraud évêque d'Autun, où l'éloge du livre *Au pays de la Vie intense* est sans réserve. On trouve cette lettre dans *L'Univers,* 23 février 1905.

C'est la situation lamentable de l'église de France qui a inspiré à l'éminent cardinal l'éloge de l'église des Etats-Unis et celui de son historien. Tout est relatif.

L'année suivante, il déclara que la convention ne serait pas renouvelée ; mais on avait profité du temps écoulé pour peupler les écoles d'enfants protestants, qui achevèrent de leur donner le caractère *unsectarian*, disons athée. Le tour était joué. Il y a plus d'un siècle que, dans les Deux Mondes, les catholiques libéraux sont dupes des concessions qu'ils font à l'Etat sectaire. Les américanisants d'Amérique continuent cette tradition : honte ni peur n'y remédie. « On couvertit un Maure, on ressuscite un mort ; on n'a pas raison d'un libéral. Ce mot d'un Jésuite sicilien est toujours vrai.

*
* *

Reste la question de fait ; elle se règle par des chiffres approximatifs : profits et pertes du catholicisme aux Etats-Unis. Le développement qu'il a pris pendant le dernier siècle n'est contesté de personne ; on peut le suivre depuis la guerre de l'indépendance jusqu'à la guerre de sécession et en deça. En 1875, la hiérarchie ecclésiastique se composait de onze provinces avec onze archevêchés, quarante-six évêchés, neuf vicariats apostoliques, et de nombreuses congrégations d'hommes et de femmes. Pour déterminer le nombre des catholiques, Claudio Jannet écrivait en 1875. « On ne peut indiquer, d'une façon précise, le nombre de catholiques aux Etats-Unis, parce que les statistiques officielles s'abstiennent systématiquement de toutes constatations relatives à la foi religieuse. Cependant, d'après les évaluations les plus modérées, on doit porter leur nombre, en 1875, à six ou sept millions, ce qui, sur quarante-deux millions d'habitants, fait le sixième ou le septième de la population [1]. » En 1899, le *Catholic Directory* porte le nombre des catholiques à 9.907.412. En résumé, dit M. Tardivel qui le cite, « le nombre des catholiques s'est accru, dans l'espace de cent vingt-cinq ans — le point de départ est la guerre de l'indépendance — de 30 à 40 mille à près de 10 millions [2] ». Ce n'est pas une quantité négligeable. Il faut re-

---

[1] *Loco citato*, chap. XVIII.
[2] *Loco citato*, chap. X.

marquer que la différence des chiffres fournis par Claudio Jannet et M. Tardivel provient d'une augmentation de la population, qui dans vingt-cinq ans, toujours d'après des statistiques approximatives, s'est élevé de quarante-deux millions à soixante-dix millions environ. Comme on est d'accord sur le fait historique du développement du catholicisme aux Etats-Unis, on admet que de toutes les confessions qui s'y sont établies, l'Eglise catholique est celle qui, en vertu de son organisation, conserve son unité dans une cohésion plus forte de ses membres, tandis que autour d'elle les protestants se fractionnent et s'émiettent en mille sectes, et ne seront bientôt qu'une poussière que le vent dissipera. Mais il faut observer que ce travail de dissolution ne profite pas, dans la mesure qu'on pense, à l'Eglise catholique : les sectes maçonniques et l'indifférentisme naturaliste en tirent de plus gros bénéfices.

Ceci posé, voici la question à résoudre : Le développement du catholicisme aux Etats-Unis est-il « prodigieux » ? s'explique-t-il par l'influence des institutions libérales de ce pays ? c'est ici le point délicat, et comme le nœud de la controverse entre les Américanisants et les catholiques qui ne partagent pas leur enthousiasme. M. Tardivel est d'accord avec tous les publicistes pour attribuer une large part de ce résultat consolant à l'immigration. A l'appui de son sentiment, il cite des articles de journaux américains qui constatent un fait indéniable, parce que les statistiques officielles le prouvent. Déjà Claudio Jannet écrivait en 1875 : « Le développement du catholicisme aux Etats-Unis a été *surtout* dû à l'immigration européenne, et principalement aux quatre millions d'Irlandais qui, depuis la fondation des colonies, ont abordé sur les rivages des Etats-Unis »[1]. Le même phénomène s'est produit pour l'Australie ; et parce que dans ces deux pays les immigrants étaient surtout catholiques, on s'explique sans miracle l'accroissement que l'Eglise ca-

[1] *Loco citato.*

tholique y a pris ! Ceux qui ont l'admiration facile feront bien de la réserver pour la Hollande, où en moins d'un siècle les catholiques de 300.000 ont atteint le chiffre de 1.483.352 ; et pour le Mexique, qui compte 11 millions d'habitants, presque tous catholiques, parmi lesquels un petit nombre d'Espagnols : tout le reste est indigène ; ce qui prouve que l'Eglise a gardé ses positions, et converti les autochtones infidèles et sauvages. Dans ces deux cas, l'accroissement représente des conquêtes ; l'immigration n'y est pour rien.

Une autre cause, naturelle aussi, ce sont les annexions de territoires que les Etats-Unis ont effectuées en s'agrandissant démesurément vers le Fart-West, jusqu'à San-Francisco. Ces territoires, plusieurs déjà peuplés, peuvent être assimilés à des immigrations dans la République ; et parce que ces territoires comptaient beaucoup de catholiques, ces contingents s'ajoutant aux catholiques de la patrie commune, l'Eglise a vu se multiplier ses fidèles, auxquels elle n'avait qu'à ouvrir les bras. Ici nous comptons les conquêtes de la République, qui profitent à l'Eglise sans qu'elle puisse les appeler ses propres conquêtes.

Une troisième cause des « prodigieux » accroissements des catholiques aux Etats-Unis, c'est la fécondité des mariages. Ceci est à la gloire des enfants de l'Eglise, pour lesquels le mariage est un sacrement, qui, soutenus par la grâce, ne reculent pas devant les charges d'une famille nombreuse, et respectent mieux les lois de la nature. On sait du reste que les Yankees sont atteints du mal moderne, qui dépeuple le vieux continent, la France spécialement, et qui donnerait les mêmes résultats dans la grande République si l'immigration ne venait pas combler les vides que le mal moderne, avec d'autres causes, creuse chaque jour. Les tableaux de mœurs que nous ont tracés des écrivains sérieux permettent de mesurer les scandales qui déshonorent la vie publique, et les abus de la vie domestique dont on aura une faible idée si on songe que les divorces prononcés s'élèvent annuellement au chiffre effrayant de 600.000 (?).

Toutes les causes que nous venons d'énumérer expliquent suffisamment le développement du catholicisme aux Etats-Unis. On ne voit pas encore clairement ce que le catholicisme doit aux institutions nationales. Si les Piémontais qui envahissent la Provence, si les Espagnols qui inondent nos marchés, de Narbonne à Bordeaux, continuent à verser en France leurs contingents ; si un jour la Belgique et la Hollande sont annexées à son territoire, si on nous rend l'Alsace, la Lorraine et la rive gauche du Rhin, il y aura chez nous un accroissement de catholiques, même sous la République franc-maçonne qui nous tyrannise, sans que l'Eglise puisse se vanter de ses conquêtes, qui ne seront que des profits trop compensés par les pertes qu'elle éprouve chaque matin parmi ses fils de la veille.

Soyons justes cependant, et donnons aux américanisants la satisfaction de ranger parmi les causes de l'accroissement des catholiques la liberté dont ils jouissent aux Etats-Unis, sous le régime du droit commun. Dans l'ère des persécutions violentes des Puritains intolérants, les affaires des catholiques n'étaient pas brillantes ; ils commencèrent à respirer après la déclaration des droits sous Washington ; leur émancipation légale complète n'arrive que plus tard : la persécution administrative dure encore. Nous verrons que la liberté est une cause à double effet, et que l'Eglise perd avec elle d'un côté ce qu'elle gagne de l'autre. Néanmoins la liberté vaut plus que la persécution, qui n'est bonne que comme épuration des âmes amollies par une trop longue paix, et comme le coup de fouet qui réveille les caractères pour les retremper dans la lutte. Nous le savons dans notre cher et malheureux pays de France, où le droit divin de l'Eglise a cessé d'être reconnu, où chaque matin nous sommes étranglés dans le nœud coulant des lois d'exception forgées par des forbans, nos maîtres par surprise, qui étouffent la liberté en criant à pleine gueule : Vive la liberté ! Dans l'impasse où nous sommes, peut-être par notre faute, nous réclamons le droit commun, qui nous est impitoyablement refusé. Nous nous tiendrions pour satisfaits si on nous octroyait la liberté accordée aux Francs-maçons ; mais notre ambition est trop haute : nous ne l'aurons pas. Nous comprenons que les catholiques se tournent vers les Etats-Unis, et portent en-

vie aux églises d'au delà l'Atlantique : nous sommes de ces catho-
liques-là. Nous sommes persuadé que telle est la pensée de M. Tardivel : elle se fait jour ça et là dans son excellent travail ; nous
aurions souhaité qu'il mit avec plus de relief la liberté parmi les
causes des accroissements des catholiques aux Etats-Unis : être généreux envers l'adversaire, quand ce n'est pas au détriment de la
vérité, fut toujours de bonne guerre. L'éminent journaliste du
Canada, champion de la doctrine définie, porte dans sa tête et
dans son cœur l'idéal catholique sur les rapports de l'Eglise et de
l'Etat ; homme pratique, il sait en tempérer les applications ; mais
il est en face de l'idéal américaniste ; et il fonce sur l'adversaire
avec une vigueur qui pourrait voiler aux yeux des malveillants les
nuances de sa pensée.

*
* *

La liberté dont l'Eglise catholique jouit aux Etats-Unis a favorisé
son développement interne : elle a prêché sa doctrine sans autre
contradiction que celles qui lui viennent des confessions rivales ; elle
a fondé des diocèses, créé des paroisses, tenu des conciles, bâti ses
temples et ses écoles. Mais elle a fait assez peu de conquêtes parmi
les protestants ; cette vérité est admise par la plupart des écrivains
américains, qui attribuent ses merveilleux accroissements principalement aux causes que nous avons exposées plus haut. Claudio
Jannet dit dans une note, que « d'après des statistiques tenues par
les évêques et dont les résultats varient selon les diocèses, en
moyenne, sur 100 personnes à qui ils administrent le sacrement de
confirmation, il se trouve 12 protestants convertis » : il emprunte
cette proportion, qui serait consolante si on pouvait la généraliser,
au *Catholic World* de 1872 [1]. M. Tardivel explique ces insuccès par
le défaut de zèle chez les laïques, et par l'esprit naturaliste, qui est
le fond du tempérament des Américains, auquel ils ont donné le
nom après avoir créé la chose. Cet esprit consiste à mettre sa

[1] *Loco citato*, chap. XVIII.

confiance dans les moyens humains et extérieurs ; à préconiser les vertus personnelles ou *actives* plus que les vertus *passives* ou surnaturelles ; à organiser des trustées de religion, à procurer des ressources matérielles pour les œuvres de charité ou de bienfaisance, en négligeant les ligues de la prière et la pénitence, qui sont les canaux divinement institués pour communiquer la grâce aux âmes et aux œuvres. On ne convertit pas les âmes comme on bâtit des cathédrales, comme on fonde des écoles, quoique les cathédrales et les écoles soient des instruments de grâce où s'opère, du moins où se prépare le retour des égarés vers la vérité religieuse. M. Tardivel est de la race des de Maistre et des de Bonald ; sa philosophie est théologique : il va au vrai fond des choses : il a le courage de sa foi.

Parce qu'il a vécu aux Etats-Unis où il est né, et qu'il s'est mêlé à la vie de ce pays singulier, il indique une autre cause de la rareté des conversions que l'Eglise y opère : c'est l'aversion mêlée de mépris que les protestants ressentent à l'égard des Irlandais, qui forment une portion si considérable des catholiques. Pour eux, Irlandais et catholiques sont une seule et même chose ; ils n'entrent pas dans l'Eglise pour ne pas se confondre avec une race inférieure dont les défauts blessent leur délicatesse raffinée. Mais on ne devient pas Irlandais en devenant catholique ; la vraie religion a assez de beauté intrinsèque pour attirer les esprits exempts de préjugés : c'est une toile d'araignée qui arrête quelquefois les meilleurs mouvements. Les Irlandais ont eu leurs défenseurs devant l'opinion des Etats-Unis : leurs qualités sont connues du monde entier ; les œuvres qu'ils ont fondées, les cathédrales et les écoles qu'ils ont bâties et qu'ils soutiennent de leurs subsides, malgré leur pauvreté, est la réponse triomphante qu'ils font à leurs détracteurs.

*
* *

Un côté de la situation religieuse encore moins consolant c'est le petit nombre de conversions que l'Eglise catholique opère parmi les nègres et les sauvages. A l'heure qu'il est, on compte aux Etats-Unis 250.000 sauvages ; 74.268 sont catholiques ; en 1889 ils étaient 81.690. Le zèle admirable des missionnaires et des religieuses n'a pas été secondé par la générosité des laïques ; il est combattu par la concurrence des protestants aidés des subsides de l'Etat. On porte la population des nègres à huit millions ; sur ce nombre 144.616 sont catholiques, d'après le rapport de la commission chargée de ce recensement. Ici le champ était libre : si l'Etat ne faisait rien pour favoriser l'évangélisation de ces enfants du continent africain, il n'élevait aucun obstacle contre l'action de l'Eglise catholique. Après la guerre de la sécession le Sud, qui comptait le plus d'esclaves désormais affranchis, a été envahi par les missions protestantes ; les catholiques regardaient faire et perdaient une belle occasion d'opérer des conquêtes. Le manque de vocations sacerdotales indigènes, que les congrégations religieuses ne peuvent pas suppléer entièrement, surtout l'absence d'une demi-douzaine de Pierre Claver, le père des nègres, que Dieu ne suscite pas toujours, l'indifférence des laïques chez qui le souffle apostolique est refroidi, expliquent pourquoi l'effort a été si faible et si pauvre en résultats. Aussi au Congrès catholique de Chicago tenu en 1893, l'ecclésiastique chargé des missions parmi les nègres concluait son rapport en ces termes : « Mais sous le rapport de la religion, nos efforts en leur faveur ont été faibles. Pour vous convaincre qu'il en est ainsi, songez combien peu sont catholiques : un sur cinquante. Sur les huit millions de nègres, quatre millions appartiennent aux différentes sectes ; les autres quatre millions sont sans aucune religion ». Non seulement les catholiques américains n'ont presque rien fait pour évangéliser les nègres, mais ils ont laissé périr la foi chez un grand nombre qui l'avaient reçue. Dans la Louisiane presque tous les nègres étaient catholiques : « Il n'y a pas plus de cent soixante mille nègres dans ce diocèse, écrit le chancelier de l'archevêché de la Nouvelle-Orléans ; presque tous ont été baptisés par l'Eglise ; mais pour diverses raisons, spécialement à cause de l'absence de toute instruction religieuse, le plus grand nombre d'entre eux sont perdus pour l'Eglise ». M. Tardivel, qui cite ces rapports [1], dit ailleurs, avec une fine ironie, que les Américanisants

[1] *Opere citato*. chap. **x**.

ont bien le soin de laisser du côté ces statistiques dans les tableaux qu'ils nous tracent des « prodigieux » progrès de l'Eglise catholique aux Etats-Unis. Elles seraient des ombres sur ces tableaux tant caressés qui ne leur donneraient pas du lustre. Nous avons énuméré les causes qui empêchent la situation religieuse des Etats-Unis d'être aussi « prodigieuse » qu'on le prétend. Il reste à en indiquer une autre, non pas la moins puissante, l'influence du milieu.

*
* *

Avant de développer la cause indiquée, constatons les pertes que l'Eglise a subies et qu'elle subit encore. En thèse générale, ces pertes sont admises par tous les écrivains qui ne sont pas systématiques dans un intérêt d'école. « Les immigrants n'apportent pas toujours au catholicisme l'accroissement qu'on serait en droit d'espérer. Jetés à leur arrivée dans des milieux protestants où ils manquent de prêtres, un trop grand nombre, surtout parmi les Allemands, abandonnent leur foi, ou plutôt sacrifient celle de leurs enfants en les laissant aller dans les écoles publiques où ils reçoivent un enseignement anti-catholique [1]. » Claudio Jannet établit ainsi le fait et les causes. Si maintenant on veut évaluer ces pertes, on ne peut que fournir des chiffres par approximation, car la statistique ne peut pas aller plus loin. M. Tardivel emprunte les siens à un publiciste américain, expert en la matière, dans un ouvrage arrivé à *la sixième édition* en 1889, « qui a subi toutes les retouches demandées, et qui, dans son ensemble, est demeuré incontesté ». D'après ce publiciste, pendant les 150 ans qui s'écoulèrent depuis les premières colonies jusqu'à la Révolution de la guerre de l'indépendance, plusieurs centaines de mille catholiques Irlandais abordèrent en Amérique. A la Révolution, tous les noms irlandais sont portés par des protestants ; dans les 13 colonies qui forment l'Union, on ne comptait plus que 25.000 catholiques. Qu'étaient devenus les autres

[1] *Opere citato.* chap. XVIII.

milliers ? Ils avaient péri, non pas par la famine, non pas par le glaive, puisqu'il n'y avait pas eu de persécution violente, mais par l'apostasie. Pendant les cinquante ans qui ont suivi la Révolution les pertes se sont continuées. En 1836, Mgr England, évêque de Charleston, ayant étudié la question avec soin, estime la population catholique des Etats-Unis ʀ 1.200.000. S'il n'y avait pas eu de pertes, il en faudrait 5.000.000 ; il y a donc eu une déperdition de 3.000.000 et 3/4. Ces âmes perdues se sont dispersées entre les différentes sectes en trois fois plus grand nombre que tous les catholiques du pays. Dans son propre diocèse, Mgr England ne comptait que 12.000 catholiques, tandis que *les descendants des catholiques* étaient au nombre de 30.000 à 40.000. Ainsi, « il y a 63 ans, un évêque, bien placé pour connaître la situation, évaluait les pertes de l'Eglise aux Etats-Unis à 3.750.000 de catholiques. Le publiciste déjà cité se résume : « Traduites en chiffres, quelles ont été réellement nos pertes ? demandera-t-on. Vu l'état peu satisfaisant de la statistique en ce pays, il est impossible de donner un réponse absolument exacte et certaine. Mais, sans crainte de se tromper, on peut dire que, pendant les deux cent cinquante dernières années, le nombre de catholiques qui ont abandonné la foi est plus considérable que le nombre de ceux qui la professent ». A l'appui de son sentiment il cite le témoignage de l'archevêque Spalding, qui estime que depuis 1780 jusqu'à 1876, l'église des Etats-Unis a perdu *beaucoup plus* qu'elle n'avait gagné. Un autre statisticien, qui a dressé le tableau des races qui composent la population des Etats-Unis en 1874, évalue à 24 millions, sur 38.000.000 d'habitants, l'élément celtique, c'est-à-dire les Irlandais, Ecossais, Français, Espagnols, Italiens. Pour lui, ces 24 millions sont des descendants d'ancêtres qui étaient catholiques en débarquant en Amérique : ils devaient être catholiques ; or, il n'y a à cette date que 10 millions de catholiques sur 38.000.000 d'habitants. Où sont les autres ? On peut faire des réserves sur ces chiffres peut-être excessifs.

*
* *

A ce sujet, M. Tardivel fait l'observation suivante, aussi juste que triste . « Plus on étudie cette question, plus on la tourne et la retourne, et plus on reste convaincu que jamais peut-être, depuis le commencement du christianisme, l'Eglise, en temps de paix, n'a perdu autant d'enfants qu'elle en a perdu et qu'elle en perd encore aux Etats-Unis. On a vu des schismes, des révoltes violentes lui arracher des millions à la fois. Mais le phénomène qui s'est produit aux Etats-Unis est unique, je crois, dans l'histoire de la religion chrétienne. Il n'y a pas eu de révolte sérieuse au sein de l'église de ce pays ; pas de schisme tant soit peu important ; et la liberté religieuse, en théorie du moins, existe complètement depuis plus d'un siècle. Et cependant des millions et des millions de catholiques se sont éloignés de leur mère. Car le moins qu'on puisse dire, c'est qu'au lieu d'être dix millions à peine, les catholiques des Etats-Unis devraient être *vingt* millions. Ce chiffre est certainement en deça de la vérité. Tous les écrivains catholiques l'admettaient autrefois, avant qu'une malheureuse école eut entrepris de glorifier le libéralisme, en chantant les prétendus triomphes de l'Eglise sous le régime américain. Ces triomphes n'existent pas ».

*
* *

Pour expliquer cette lamentable déperdition de forces catholiques, notre Auteur met en ligne les causes suivantes : Les écoles sans Dieu, l'action des Loges maçonniques, la propagande ardente des confessions rivales, les mariages mixtes qui profitent plus aux dissidents qu'aux catholiques, la dispersion des catholiques sur de vastes territoires privés de chapelles, d'églises, de prêtres et d'écoles. Ajoutez-y la « matérialité », qui fait le fond de l'âme américaine, la fièvre des affaires, la passion du lucre, la corruption qui coule à plein bord dans toutes les sphères, et vous aurez une faible idée des dangers qui menacent la foi des catholiques « au pays de la vie intense ». Toutes ces causes réunies forment une cause unique, qui est « l'ambiance » ou l'influence du milieu. Cette influence est admise pour tous les vivants en botanique, en zoologie, en sociologie ; la loi est démontrée par les faits : le vivant meurt asphyxié s'il manque d'air ; il meurt empoisonné si cet air est vicié ; il est assassiné dans la société des méchants, ou gâté en compagnie des pervers. Nous pouvons vérifier cette loi sans quitter l'Europe : nous avons nos Babylones, qui s'appellent Londres, Berlin, Vienne, Madrid, Paris ; chacun sait si la vie catholique y est intense, et ce que deviendrait la foi des ancêtres, malgré les restes qu'on y rencontre encore, si les réserves des campagnes, entamées à leur tour, ne nous permettaient pas d'espérer pour l'avenir.

*
* *

L'influence funeste des Etats-Unis a été sentie un peu partout ; les évêques, en dénonçant les dangers, ont travaillé à les prévenir ou à y porter remède. Les évêques allemands ont envoyé des prêtres missionnaires, parlant la langue des immigrés, qui ont fondé des paroisses de leur nationalité, avec leurs chapelles, leurs écoles et leurs couvents. Au Canada on a suivi cet exemple ; on s'est même efforcé de détourner le courant de l'émigration, en colonisant des surfaces encore inexplorées du Dominium : les journaux catholiques ont favorisé ce mouvement, qui a déjà donné des résultats. Un prince de l'Eglise, très américain par sa naissance et par ses tendances, qui fut un instant l'avocat des Américanisants, le cardinal Gibbons, s'en est mêlé pour arrêter l'immigration irlandaise, persuadé qu'il travaillait pour son pays autant que dans l'intérêt des pauvres insulaires. Nous lisons, en effet, dans *La Vérité* de Québec, à la date du 1er mai 1904, ce qui suit :

L'IMMIGRATION IRLANDAISE

« Son Eminence le cardinal Gibbons, nous dit le *New-World*, vient d'écrire à la Société contre l'émigration irlandaise, à Dublin, priant instamment de détourner les jeunes Irlandais et les jeunes Irlandaises du dessein d'émigrer aux Etats-Unis. C'est un avertissement opportun, dit ce journal. Beaucoup d'Irlandais réussissent bien aux Etats-Unis, déclare notre confrère, mais des milliers n'y réussissent pas. La feuille catholique de Chicago aurait pu ajouter que des milliers et des milliers d'Irlandais et de descendants d'Irlandais, tout en « réussissant » au point de vue des affaires de ce monde, perdent aux Etats-Unis le don inestimable de la foi.

Le cardinal Logue, primat d'Irlande et président de la Société contre l'émigration, vient d'adresser une lettre aux Irlandais d'Amérique pour jeter un cri d'alarme : l'Irlande se dépeuple rapidement, et beaucoup d'enfants du sol sont remplacés par des étrangers. Son Eminence déclare que les Irlandais d'Amérique sont en grande partie responsables de ce dépeuplement de la patrie irlandaise. Plus de la moitié des émigrants, dit le cardinal, ont leur passage payé d'avance par des parents déjà établis en Amérique. Il demande que cette pratique cesse. La Société dont le cardinal Logue est le président fait distribuer des brochures et des tracts signalant aux Irlandais les dangers de l'émigration ; elle a prié les journaux irlandais de ne publier aucun article tendant à encourager l'émigration. Elle demande aussi au gouvernement d'empêcher les agents des postes, dans les campagnes, d'agir comme agents d'émigration.

*
* *

Les faits acquis provoquent un certain nombre de réflexions. Les Américanisants, très épris des conditions d'existence de l'Eglise dans les Etats-Unis, doivent se résigner à s'entendre dire que si la séparation de l'Eglise et de l'Etat est souvent une nécessité, elle n'est jamais un bien ; et qu'il n'est pas sage de travailler à établir ce régime dans les pays qui n'en connaissent pas les douceurs. Léon XIII s'est expliqué sur ce point dans un acte solennel présent à tous les esprits. Ils admettront encore que la liberté est une cause à double effet, un bon, l'autre mauvais. Aux Etats-Unis, la liberté a eu pour l'Eglise un bon effet, celui de favoriser ses développements : à ce point de vue, en jugeant relativement, les églises soumises à des concordats dont les princes abusent par des interprétations léonines, ou persécutées par des lois d'exception ont le droit de regarder avec des yeux d'envie la situation de leur jeune sœur dans la grande République. Mais la liberté a son envers ; nulle part peut-être il n'est plus triste que dans ce pays ; on peut mettre la chose en formule : la liberté y favorisa le développement de l'Eglise, la liberté l'a arrêté ; la liberté lui a causé plus de dommages que de profits.

La liberté met en présence deux forces : le bien et le mal ; laquelle des deux l'emportera sur l'autre ? L'expérience prouve que le mal a plus de chances que le bien. C'est ici que la psychologie des libéraux est en défaut ; ils oublient la doctrine du péché originel et ses conséquences, même quand ils admettent le dogme catholique en théorie ; comme s'ils ne savaient pas que l'homme est enclin au mal de son enfance, et qu'il suit cette pente, si rien ne vient l'arrêter. C'est l'illusion libérale d'attendre le triomphe du bien de la seule liberté, qui ne saurait par elle-même donner un pareil résultat. Aucun législateur n'a osé décréter la liberté absolue pour une nation ; tous ont mis des barrières infranchissables devant la liberté du mal. Aux Etats-Unis, le législateur a sacrifié à cette loi nécessaire ; mais en laissant au mal des licences excessives, qui ont été funestes aux intérêts religieux et moraux et par contre-coup à la société elle-même, il a créé le milieu américain décrit par tous les publicistes sans parti-pris.

*
* *

On connaît la chanson des libéraux sur ce sujet. Dans les temps apostoliques, l'Eglise séparée de l'Etat et persécutée par les Césars fit son chemin et finalement conquit le monde ; aux Etats-Unis, elle n'est pas persécutée : pour se développer elle n'a besoin que de la liberté. Nous accordons que le milieu païen dans l'empire devait, d'après les lois ordinaires des choses humaines, étouffer le catholicisme naissant ; il n'était pas nécessaire de le noyer dans le sang : la corruption toute seule l'aurait asphyxié. Mais quoi qu'en ait écrit le duc de Broglie, dans son célèbre ouvrage : « L'Eglise au IVe siècle », que D. Guéranger réfuta un peu rudement, l'établissement de l'Eglise dans l'empire romain est un fait surnaturel, qui démontre sa divinité. L'intervention de son Fondateur se fait sentir à chaque pas ; le *ego vobiscum sum* se vérifie à la lettre : le miracle est partout. Les églises particulières n'ont pas à attendre de la grâce de Dieu de pareils secours, réservés, par une sage dispensation, pour des époques exceptionnelles, telles que celle de l'introduction d'une religion révélée dans un monde qui la repoussait par tous ses instincts, et lui opposait toutes les forces intellectuelles, morales, politiques et sociales dont il disposait. A l'heure qu'il est, ce secours du commencement n'accompagne pas la prédication de l'Evangile chez les nations infidèles. Cependant les succès de l'apostolat ne s'obtiennent pas par la seule liberté, puisque cette liberté lui a été longtemps refusée, et qu'on la lui dispute encore : ici il faut s'élever jusqu'à l'ordre surnaturel pour les expliquer. En Chine, au Japon, au Tonkin, dans l'Annam et le Cambodge, et jusque dans les déserts du continent noir, c'est le sang des martyrs qui a cimenté les fondements de toutes les chrétientés que la tempête a dévastées et de celles qui ont survécu. On a observé que l'église des Etats-Unis n'a pas de martyrs : les Puritains intolérants refusèrent la liberté aux catholiques ; ils les bannirent des emplois publics ; ils détruisirent quelques écoles, et mirent le feu à quelques couvents : ils ne versèrent pas le sang par décret. D'aucuns prétendent que le sang des martyrs manque à cette église pour triompher des sectes qui l'enserrent, et de l'esprit public qui lui est contraire. Qui oserait s'inscrire en faux avec un peu de sens chrétien ?

*
* *

A ce propos, on peut établir un parallèle intéressant et instructif entre les origines de l'église des Etats-Unis et celle de l'église du Canada sa voisine. Les Etats-Unis naquirent vieux, en ce sens qu'ils furent formés par des races de l'ancien continent, qui s'étaient déjà mêlées sur ce vaste territoire : Espagnols, Hollandais, Français y avaient laissé leur trace, en refoulant les indigènes, qui ne tardèrent pas à devenir une minorité. Les colonies anglaises furent les plus nombreuses ; et quand l'indépendance vis-à-vis de la mère patrie eut été proclamée, c'est la race anglo-saxonne qui resta dominante et souveraine dans les treize Etats qui formèrent l'Union. La persécution, après avoir chassé les catholiques d'Angleterre, en avait aussi chassé différentes confessions protestantes, qui gardèrent tous les avantages. La civilisation des Etats-Unis a donc pour base le génie anglais combiné avec l'esprit hérétique de toutes nuances. C'est à travers ces éléments que l'Eglise dut se faire une place : avec quelles difficultés, on le devine. Ses conquêtes sur les pauvres indiens ou sur les nègres auraient été plus rapides que sur les colons ; car il est plus aisé de convertir des âmes neuves, encore près de la nature, que des sectaires obstinés dans des erreurs héréditaires.

Mais serait-il téméraire d'avancer qu'aux Etats-Unis les catholiques, greffés socialement sur cette civilisation, en conservant leur foi intégrale, se sont imprégnés de l'esprit ambiant, positif, raisonnable, naturiste, sans inspiration et sans héroïsme ? C'est l'opinion de l'écrivain que nous suivons et que nous citons ici : « On n'a jamais songé, que je sache, à organiser une vaste ligue de prières pour obtenir la conversion du peuple américain... Pour dire le vrai, une semblable proposition n'est guère conforme à la tournure d'esprit des catholiques américains qui, à leur insu, sont plus ou moins imbus des idées naturalistes qui ont cours dans la grande République. J'ose dire que les catholiques américains, pris dans leur ensemble, ne comprendraient pas la nécessité et l'efficacité d'une semblable ligue. C'est trop *mystique* pour eux ; cela sent trop le *moyen-âge.* Ils comptent à peu près exclusivement sur l'action personnelle et extérieure. Ils comprennent qu'on publie des écrits et que l'on fasse des discours pour exposer et défendre la doctrine catholique ; qu'on donne le bon exemple aux protestants en prenant une part active aux mouvements en faveur de la tempérance et de l'observation du repos dominical. Ils commencent aussi à comprendre la nécessité des écoles catholiques pour conserver la jeune génération. Mais leur zèle ne va pas au delà de ces moyens excellents sans doute, indispensables, mais qui ont un côté naturel. Les moyens purement *surnaturels*, qu'il faut joindre aux moyens *naturels* pour que l'action soit complète, ils n'en saisissent pas l'opportunité. Cela tient à leur trop grande admiration pour ce qu'ils appellent les *vertus actives*, le côté *naturel* de l'homme, et le peu de cas qu'ils font des vertus dites *passives*, ou de l'aspect *spirituel* des choses [1] ». Ceux qui trouveraient le jugement sévère se souviendront de la condamnation de l'Américanisme, à propos de l'histoire du P. Hecker où ce système était préconisé.

*
* *

Les origines de l'église du Canada ont un autre caractère. Ce vaste pays était une terre vierge, habitée par les tribus sauvages des Hurons et des Iroquois, quand elle fut découverte par les Français, qui en prirent possession au nom du roi François Ier et la gardèrent jusqu'au traité de Paris en 1763 : un peu plus de deux siècles. Les missionnaires se hâtèrent d'en faire la conquête pour Jésus-Christ, en versant le premier sang qui devait la rendre féconde en héros et en saints. Les Recollets et les Jésuites furent chargés par la Providence de procurer cette compensation aux pertes que l'Eglise subissait dans le vieux continent dans les guerres que lui livrait le Luthéranisme triomphant ; les Brébeuf, les Jogues, les Gabriel Lallemand, les Garnier, les Daniel, les Chabanel sont des noms canonisés par la reconnaissance du Canada catholique. Les missionnaires n'étaient que des pionniers pour préparer les voies aux colons de l'occident, qui vinrent fonder la Nouvelle-France : c'est le nom de baptême que Cartier donna à sa découverte. Les colons de la mère-patrie n'étaient pas l'écume de la société, comme il arrive trop souvent dans les temps modernes, qui relèguent dans les îles lointaines, avec les repris de justice, les tarés dont on veut se débarrasser, parce qu'ils sont un poids mort et souvent un péril. La France de Louis XIV envoya au Canada une

---

[1] *Loco citato*, 1, chap. x.

élite, des gouverneurs et des intendants comme Cartier, Champlain, La Roque de Roberval, Montcalm, Talon, Frontenac ; des évêques comme Montmorency-Laval, et des Ursulines conduites par Mᵐᵉ Acarie, devenue Marie de l'Incarnation, Mᵐᵉ de la Peltrie et tant d'autres. C'est le pur catholicisme qui débarqua au Canada et jeta les fondements d'une civilisation frappée à sa marque ; c'est Louis XIV, catholique malgré le gallicanisme qui déparait sa piété, qui y mit sa signature ; c'est la France, régénérée par les réformes qui suivirent le concile de Trente, qui versait sur ses plages sauvages le trop-plein de sa grandeur et de ses vertus. La jeune église canadienne, comme une vigne composée de plans choisis, y prit de merveilleux développements : la race sainte s'y multiplia rapidement par la fécondité des mariages ; les temples, les écoles, les monastères, les villes et les bourgs couvrirent le sol ; il vint un moment où aucune province du royaume de Jésus-Christ n'égalait sa prospérité et sa splendeur. Cependant l'heure de l'épreuve sonna pour elle : l'Angleterre, maîtresse des vastes surfaces du sud américain, où elle avait établi ses colonies, jeta un regard d'envie sur le Canada : une guerre malheureuse lui livra un pays arrosé des sueurs et du sang de la France, frappé au coin de son génie, et qu'une diplomatie sans habileté ou sans courage lâcha sans regret : ce n'étaient que « quelques arpents de neige ». L'hérésie débarqua ce jour-là au Canada : le drapeau de la France se repliait ; la croix resta : c'est autour d'elle que les catholiques serrèrent leurs rangs, gardant leur foi, leur langue et l'amour de la patrie perdue.

*
* *

L'église du Canada se ressent encore de ses origines : l'élément anglo-saxon qui s'est mêlé politiquement à la race catholique n'a pas altéré son génie : ce n'est pas l'esprit positif, raisonnable, naturiste qui a déteint sur elle ; elle ne distingue pas entre les vertus *actives* ou humaines et les vertus *passives* ou surnaturelles :

elle les pratique toutes ; c'est l'esprit chrétien, porté jusqu'au mysticisme avec ses élans et sa poésie, qui l'anime. L'église huronne a produit ses fleurs de sainteté. « La prédiction du prophète, « La solitude se réjouira et fleurira comme le lis », devait aussi se réaliser dans les déserts du Nouveau-Monde. Avant même que le sang des martyrs eut fertilisé cette « terre aride et sans eau », le vrai Dieu s'était suscité au pays des Hurons des serviteurs et des servantes dignes des premiers siècles de l'Eglise. Semblables à ces fleurs précoces qui, pleines de vigueur et de sève, n'attendent pas les ardeurs du soleil pour étaler au-dessus des derniers lambeaux du linceul d'hiver leurs coroles immaculées, et sourient avec grâce aux premières caresses de l'ange du printemps, des âmes privilégiées, prémices et gages d'une moisson merveilleuse, devaient, sous la poussée de la grâce divine, réjouir le cœur des généreux missionnaires, qui avaient tout quitté pour les gagner à Jésus-Christ. Si les missionnaires évangéliques avaient semé dans les larmes et le sang, ils allaient, à la fin de leur rude journée, se présenter joyeux au Maître, les bras alourdis par des gerbes abondantes. Celui qui les avait appelés à la carrière apostolique avait dit à ces fleurs des bois de germer sous les pieds de ceux qui annonçaient la bonne nouvelle, et de les réjouir par l'odeur de leurs vertus. « Fleurissez, petites fleurs, avait-il dit à ces âmes innocentes, fleurissez comme le lis, exhalez vos parfums et étalez votre gracieux feuillage. » Et dociles à cette parole créatrice, toute une couronne de fleurs charmantes vient servir de parure à l'église naissante de la Nouvelle France... Tant d'exemples de sainteté chez une nation barbare ne nous forcent-ils pas de reconnaître, avec un écrivain récent, « qu'à l'aurore du jour où un peuple nouveau doit être appelé aux splendeurs et aux joies de la vie nouvelle, la Providence fait éclore les fleurs les plus gracieuses ? »... « Ce que les annales de la sainte Eglise, poursuit le même auteur, racontent des premiers chrétiens, l'histoire religieuse du Tonkin et de la Corée, du Japon et de la Chine, de l'Inde et du Canada, du Pérou et de l'Afrique centrale le répète et le corrobore par des exemples frappants. Les Péruviens ont eu leur Rose de Lima et leur Marianne de Parédès; les Iroquois et les Hurons du Canada peuvent, à bon droit, être fiers de leur Catherine Tegakritha [1] ».

Aux fleurs des bois devaient s'ajouter les fleurs des nouveaux colons transplantées de la Touraine, de la Bretagne, de Paris, sur les rives du Saint-Laurent : des missionnaires martyrs qui meurent dans les bois ou sous les flèches des Iroquois ; les Ursulines de Québec, qui parfument la cité de leurs vertus, qui font pousser d'autres fleurs en cultivant l'âme des jeunes filles qu'on leur confie, qui iront communiquer l'esprit chrétien dans leurs familles et les transmettre aux générations futures ; en attendant que « la Terese du Canada », la vénérable Marie de l'Incarnation monte sur les autels. Voilà la couronne, toujours en formation, que l'église du Canada porte à son front.

*
* *

C'est l'esprit surnaturel qui a fait germer et s'épanouir au Canada des dévotions, qui depuis se sont répandus dans toute l'Eglise. « Le Canada est vraiment une terre privilégiée de Dieu. Pendant que la mère-patrie de la Nouvelle France prodiguait à sa fille aînée, avec l'élite de son clergé et de sa noblesse, le sang de ses missionnaires et l'or de ses bienfaiteurs, Dieu, d'une main non moins généreuse, y déposait une semence de foi destinée dans la suite des siècles à s'épanouir et à fleurir pour la gloire et la consolation de l'Epouse de son Fils, la Sainte Eglise catholique. Pionnier du culte du Sacré-Cœur de Jésus dans le Nouveau-Monde, le Canada l'est également d'autres dévotions étendues successivement à l'Eglise universelle. Une voix non moins autorisée que celle du Vicaire de Jésus-Christ, le Souverain Pontife Léon XIII l'a naguère solennellement reconnu dans sa Lettre-Encyclique, élevant le rite du jour consacré à la Sainte-Famille, et en étendant la fête à tout l'univers catholique. Or, c'est à Québec, en 1664, qu'un humble mission-

---

[1] L'abbé Lionel Lindsay : *Notre-Dame de Lorette en la Nouvelle-France*, chap. III.

naire, le P. Chaumonot, avec la haute approbation du vénérable François de Laval, jeta les bases d'une dévotion aujourd'hui si justement populaire. Ce qui est vrai de l'origine de la dévotion à la Sainte-Famille de Jésus, Marie, Joseph l'est aussi du culte du Saint qui en fut le chef. Notre bien-aimée patrie n'a-t-elle pas eu comme premier patron, dès son berceau, l'auguste père nourricier de Jésus, avant que le Pape Pie IX, de sainte mémoire, l'eut proclamé patron de l'Eglise universelle ? Et le dogme de l'Immaculée Conception de la Vierge Marie n'a-t-il pas eu, dans les premiers missionnaires franciscains et Jésuites, des zélateurs ardents, et un illustre adepte dans le vén. François de Laval, qui dédiait à la « Vierge conçue sans péché » son église cathédrale deux siècles avant la proclamation solennelle du dogme si glorieux pour la Mère de Dieu [1] ».

*
* *

Maintenant en établissant un parallèle entre l'église des Etats-Unis et celle du Canada, l'orthodoxie admise pour toutes les deux, on voit la différence de génie, ou si l'on préfère, de tempérament des deux races qui les composent, et qui expliquent en partie l'état stationnaire, pour ne pas dire d'avantage, de la première, et la prospérité relative de la seconde, qui lui envoie chaque jour le trop-plein de

[1] L'abbé Lionel Lindsay : *Les origines de la dévotion du Sacré-Cœur de Jésus au Canada.*

Les origines du Canada au point de vue politique, social et religieux ont été l'objet de plusieurs ouvrages, qui forment une véritable bibliothèque du plus vif intérêt. Au point de vue religieux en particulier, nous possédons les histoires générales du Canada, les relations des missions, des monographies de personnages, d'églises, de chapelles et de monastères. Nous saisissons cette occasion de remercier encore une fois M. Ernest Gagnon, l'auteur de la monographie de Louis Jolliet, le découvreur du Mississipi de moitié avec le P. Marqueste S. J., et M. l'abbé Lionel Lindsay, aumônier des Ursulines de Québec et directeur de la *Nouvelle-France*, à qui nous devons : *Notre-Dame de Lorette ou la Nouvelle-France*, et *Les origines de la dévotion au Sacré-Cœur de Jésus au Canada.* Deux vrais Canadiens, qui écrivent comme à Paris, qui pensent comme des catholiques, et sentent comme des Français.

sa population, non sans regret, car elle craint pour la foi de ses enfants.

Cependant quand on écrit l'histoire, et qu'on expose la situation d'une église, il fait éviter de glisser dans l'idylle. Evidemment, au Canada, comme dans le reste du monde, l'Eglise est militante. Peut-être qu'elle a franchi son âge d'or, et que la ferveur des ancêtres a subi quelque amoindrissement. L'Angleterre respecte sa liberté, sans se montrer toujours assez juste sur la question scolaire. Mais l'action des protestants s'y fait sentir ; la Franc-maçonnerie est à l'œuvre ; le libéralisme a fait sa trouée : ses organes sont plus nombreux que ceux des catholiques sans épithète ; la littérature du vieux continent franchit l'Atlantique, idées et formes, et y trouve des lecteurs et des imitateurs ; les conférenciers de nos capitales y promènent leur faconde creuse et corruptrice [1] ; la simplicité de la foi a subi quelques dommages et les mœurs ont perdu quelque chose de leur pureté ; le voisinage des Etats-Unis est pour ce pays un perpétuel danger, non pas tant pour son autonomie que pour les vertus ancestrales. Au Canada, l'Eglise est aux prises avec le modernisme sous toutes ses formes : elle se défend. Nous suivons cette lutte au sein de la tempête déchaînée sur la France, où s'entassent les ruines, où l'avenir est chaque matin plus compromis. Nous étudions l'évolution des idées chez nos frères dans *La Nouvelle-France*, cette revue jeune et vaillante où le talent est mis au service de toutes les saintes causes, *pro aris et focis* ; mieux encore dans *La Vérité* de Québec, dirigée par M. Jules Tardivel « le Louis Veuillot du Canada », que nous avons vu en France, où il compte de nombreux amis, qui encouragent de loin ses travaux, en priant Dieu de conserver encore longtemps à l'Eglise et au Canada ce chevalier sans peur et sans reproche, qui s'immole pour Dieu et pour la Patrie [2].

---

[1] Nous avons la douleur de constater que c'est la France surtout qui envoie au Canada les commis-voyageurs de la libre-pensée, chargés de placer les produits empoisonnés de Paris.

[2] Depuis que ces lignes étaient écrites, Jules-Paul Tardivel est tombé vaillamment sur le champ de bataille, face à l'ennemi.

On lit dans la *Vérité* de Québec, 18 février 1905.

QUE LES TEMPS SONT CHANGÉS !

A la deuxième page du beau livre de M. N.-E. Dionne : *Les Serviteurs et les Servantes de Dieu en Canada*, je lis une longue nomenclature, qui s'échelonne depuis 1491 jusqu'à 1656, d'illustres personnages, tant hommes que femmes, tous héroïques, qui venaient de ce qu'on nommait alors avec amour « la belle France ». On lui donnait ce beau nom, parce que ces héros et ces héroïnes, que l'auteur fait revivre, comme il le dit, pour fournir à nos compatriotes de beaux modèles à imiter, nous arrivaient de ces rivages aimés, le cœur plein de ce zèle et de cette charité qui enflamment et convertissent.

Lisez aujourd'hui la liste de ceux que la France jette sur nos bords et faites la comparaison :

FRANCE

DE 1491 A 1650

Cartier, Champlain, Marie de l'Incarnation, Marguerite Bourgeois, Mlle Mance : Amour divin, virginité, pureté.

FRANCE

DE 1791 A 1905

Herbette, les députés de la convention de Saint-Louis : synonyme de maçonnerie honteusement cachée sous un masque ; Sarah Bernhardt, Réjane, etc., etc. : corruption sous le masque de l'art.

Les premiers venaient pour civiliser, convertir, sauver au prix des plus grands sacrifices. Les derniers viennent pour salir, corrompre, damner au prix de l'argent des pauvres Canadiens. Ceux d'autrefois étaient envoyés par les rois très chrétiens ; ceux d'aujourd'hui sont envoyés par les sectes immondes de la maçonnerie et de la Juiverie. La France d'autrefois nous donnait des saints ; celle d'aujourd'hui jette sa pourriture sur nos rives, pour souiller le sang des martyrs d'autrefois.

Autant les premiers ont enseigné, par leurs paroles et leurs exemples, la doctrine du Christ, qui fait une nation forte, noble et grande ; autant les émissaires de la France actuelle, qui envahissent notre Canada, s'efforcent de pourrir par leurs écrits, leurs réclames, leurs annonces et leurs spectacles lubriques le cœur de notre noble nation. Hélas ! pourquoi faut-il que des journaux canadiens, qui se disent catholiques, leur prêtent la main dans cette infernale entreprise !

Bien que citoyen américain, absent du Canada, je reste *Canadien de cœur* ; et je ne puis me faire à l'idée que des plumes canadiennes aient assez peu de pudeur pour rédiger certaines réclames qui me tombent trop souvent sous les yeux.

Oui ! que les temps sont changés !

Un prêtre des Etats-Unis.

Mais dans la crise que toutes les églises traversent, celle du Canada fait bonne contenance ; au-dessous d'elle-même, quand on remonte le cours des âges, elle est belle encore au milieu des nations apostates, qui désertent la religion de Jésus-Christ quand elles ne la persécutent pas. Dans cette étude, nous ne nions pas les gloires de l'église des Etats-Unis ; nous sommes convaincu qu'on pourrait écrire de belles pages, et découvrir des héroïsmes chez les apôtres des Indiens des Montagnes-Rocheuses, et chez ceux qui se sont voués à l'évangélisation des noirs. L'église des Etats-Unis n'a pas encore des saints sur les autels : ces saints existent ; Dieu manifestera leurs mérites par des miracles à l'heure marquée dans les décrets de sa providence. En attendant, il semble qu'on ne puisse pas tracer de cette église un tableau comparable à celui que nous venons d'esquisser trop rapidement pour celle du Canada.

Les publicistes de toute robe, qui entonnent perpétuellement des dithyrambes en l'honneur de l'église des Etats-Unis, seraient bien inspirés en mettant une sourdine à leur enthousiasme, s'ils tournaient leurs regards vers l'église du Canada, qui a quelque droit à leur admiration. Dans la préférence qu'ils accordent aux Etats-Unis, d'aucuns soupçonnent un intérêt d'école, tantôt dissimulé, tantôt avoué avec discrétion. C'est l'avis de l'auteur du bel ouvrage que nous venons de commenter.

« Les libéraux d'Europe, plus particulièrement ceux de France, ne perdent aucune occasion de nous parler des progrès *extraordinaires, merveilleux*, du catholicisme aux Etats-Unis. Il y a là pour eux — on le sent assez — un sujet favori, un thème de prédilection sur lequel ils aiment à broder ; mais ce qu'on ne sent pas moins, même lorsqu'ils ne le disent pas explicitement, c'est la conclusion qu'ils désirent nous voir tirer du progrès en question, savoir : qu'il vaut beaucoup mieux, en thèse générale, qu'il y ait séparation de l'Eglise et de l'Etat dans un pays. Or, cette thèse a été formellement condamnée par la 55° proposition du *Syllabus* : *Ecclesia a statu statusque ab Ecclesia sejungendus est ;* et en maintes circonstances, Léon XIII, comme Pie IX, comme tous ses prédécesseurs, a rappelé et affirmé avec force la vérité contraire, savoir : que, *dans l'état normal des choses et selon l'ordre établi de Dieu, et il doit y avoir, pour le bien de tous, union et entente parfaite entre l'Eglise et l'Etat.*

Que dans certaines circonstances malheureuses où peut se trouver parfois un pays ; que dans un état de société troublé par des erreurs dominantes impossibles à déraciner immédiatement, ou bouleversé par l'esprit révolutionnaire, l'Eglise de Dieu, pour éviter un plus grand mal, se contente d'une liberté imparfaite, on le conçoit facilement, l'Eglise ne devant négliger aucun moyen de travailler à sauver les âmes. Mais on a tort de nous représenter cet état de choses comme désirable en soi, comme un idéal vers lequel on doit s'efforcer de tendre. Ce n'est là, en réalité, qu'un pis aller d'où les vrais intérêts des âmes demandent que l'on sorte le plus tôt possible, en profitant de toutes les circonstances favorables pour ramener l'ordre voulu de Dieu : union de subordination et entente parfaite fondée sur la nature et la fin propre des deux puissances ; union entre le pouvoir spirituel et le pouvoir temporel, tous deux faits et établis par Dieu afin de s'entr'aider pour le bien de la paix et la prospérité commune.

Chose à noter encore : les libéraux, qui nous parlent sans cesse des progrès du catholicisme aux Etats-Unis, ne nous soufflent jamais mot des pertes énormes qu'y a souffertes l'Eglise, pertes qu'il faut attribuer, en grande partie, on n'en saurait douter, au fait de la séparation de l'Eglise et de l'Etat chez nos voisins [1]. »

[1] *La Vérité*, 16 février 1904, Québec (Canada).

Mais ni le *Syllabus* de Pie IX, ni les *Encycliques* de Léon XIII ne gênent nos libéraux. Ils acceptent la *thèse*, un idéal irréalisable dans les temps modernes et qu'il est sage de passer sous silence ; ils mettent la *thèse* à la porte, et retranchés dans *l'hypothèse*, ils continuent à jouer sur leur guitare des airs en l'honneur de la liberté, du progrès et de la civilisation moderne ; ils sont en règle avec doctrine catholique : il ne leur manque que le sens catholique. Ils sont de parfaits américains.